BIOGRAPHIES

BÉNÉDICTINES.

BIOGRAPHIES
BÉNÉDICTINES

ou

NOTICES HISTORIQUES ET LITTÉRAIRES

SUR LES PERSONNES ILLUSTRES

EN SCIENCE ET EN SAINTETÉ

DE L'ORDRE DE SAINT BENOIT

PAR

Le R. P. Dom Onésime MENAULT

BÉNÉDICTIN DE LA CONGRÉGATION DE FRANCE.

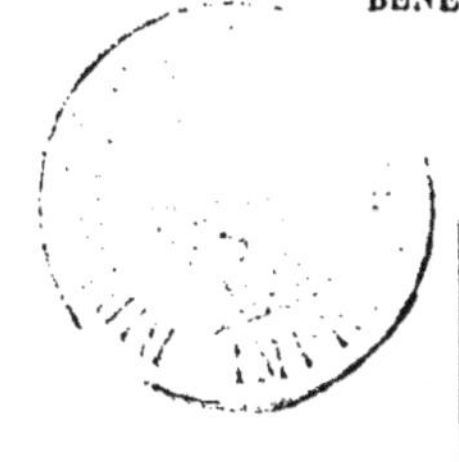

SAINT GUILHEM

DE GELLONE.

POITIERS	PARIS
HENRI OUDIN, IMPR.-LIBRAIRE,	DOUNIOL, LIBRAIRE,
Rue de l'Éperon, 4.	Rue de Tournon, 29.

1860

SAINT GUILHEM

DUC D'AQUITAINE

FONDATEUR ET MOINE DE GELLONE.

I

Sur l'immense et brillant tableau du règne de Charlemagne, l'un des personnages qui se détache avec le plus d'éclat est le duc Guilhem [1]. Sa royale extraction, son illustre courage, ses vertus monastiques, ses titres de Duc, de Moine et de Saint lui donnent une grandeur surhumaine; et sa figure guerrière s'encadre avec un reflet particulier de beauté sous les arcades de ce cloître de Gellone, dont il fut le fondateur, et dans

[1] Nous avons cru devoir adopter cette traduction du mot *Willelmus*, parce que notre Saint est connu sous ce nom de Guilhem ou Guillem dans le pays où son culte s'est toujours conservé; en outre, toutes les publications de la contrée l'appellent ainsi, et c'est même par ce nom qu'on le distingue de tous les Guillaume avec lesquels on l'a souvent confondu. Sur les nombreuses erreurs auxquelles ont donné lieu les différents personnages de ce nom, cf. HENSCHENIUS, *Comment. prœv. in Vit. S. Guillelmi magni*, ap. BOLLAND., t. II Febr., p. 433;—BAILLET, *Vies des Saints*, x Févr.;—M. PÉGAT a donné une *Notice sur les Guillems, seigneurs de Montpellier*, dans les *Mém. de la Soc. archéol. de Montpellier*, t. I, p. 291-312.

lequel il vint ensevelir son opulence et sa gloire. Aussi deux siècles après sa mort, son nom était déjà connu chez toutes les nations, et dans les contrées les plus lointaines on racontait son intrépide valeur, sa force athlétique et ses triomphes glorieux [1]. Les chœurs de jeunes gens célébraient ses louanges dans des chants populaires, les nobles et les guerriers surtout aimaient à redire ses exploits, et les moines eux-mêmes, dans leurs mélodies religieuses, chantaient avec quelle gloire il avait servi sous l'illustre Charles, et comment il avait dompté les infidèles [2].

La poésie s'empara de bonne heure de cette vie pieuse et chevaleresque, les trouvères et les troubadours firent du valeureux duc le héros de leurs épopées nationales; et l'immense cycle de *Guillaume au Court nez* nous est resté comme l'une des plus belles Chansons de gestes

[1] Quæ enim regna et quæ provinciæ, quæ gentes, quæ urbes, Willelmi Ducis potentiam non loquuntur, virtutem animi, corporis vires, gloriosos belli studio et frequentia triumphos? *Vita S. Willelmi*, n. 2, ap. BOLLAND., t. VI Maii, p. 111.

[2] Qui chori juvenum, qui conventus populorum, præcipue militum ac nobilium virorum, quæ vigiliæ sanctorum, dulce non resonant, et modulatis vocibus decantant, qualis et quantus fuerit, quam gloriose sub Carolo glorioso militavit, quam fortiter quamque victoriose barbaros domuit et expugnavit. *Vita S. Willelmi*, ibid.— Une strophe de l'une de ces anciennes hymnes religieuses se trouve dans un manuscrit du Xᵉ siècle; elle est accompagnée de la notation ainsi que la Prose sur la fin du monde, dans laquelle elle a été interpolée. *Catal. gén. des Manuscrits des Bibliothèques publiques des départements*, t. I, *Manusc. de la ville de Montpellier*, p. 261, n. 6.— M. PAULIN BLANC, *Nouvelle Prose sur le dernier jour*, dans les *Mémoires de la Société archéologique de Montpellier*, t. II, p. 451-511.

que les anciens jongleurs répétaient au milieu de la joie des banquets et sur les places publiques[1]. Il parait même que jusqu'au fond de la Hollande son nom fut longtemps applaudi ; et à la cour du célèbre comte Florent V, Nicolas Verbrechten chanta le duc Guilhem comme le fondateur de la maison d'Orange[2]. Mais, à côté des poétiques récits inventés par l'orgueil national, la main

[1] Vulgo canitur a joculatoribus de illo cantilena. ORDER. VITAL., *Hist. eccles.*, lib. VI, cap. II. Ce passage de l'historien est confirmé par quelques vers du *Roman de la Violette*, composé par GIBERT DE MONTREUIL, trouvère du XIIIe siècle, et publié par Franc. Michel, 1834, p. 73.

> Gerars saut sus , la vielle atempre
> Hélas! fait-il, je viens moult tempre !...
> Faire m'estuet , quant l'ai empris ,
> Chou dont je ne sui mie apris ,
> Chanter et vieler ensemble!
> Lors comencha , si com moi semble ,
> Com cil qui molt estoit senés ,
> Un ver de Guillaume au Court nés
> A clere vois et a dous son.

Sur la vaste épopée de Guillaume au Court nez, cf. PAULIN PARIS, les *Manuscrits françois de la Bibliothèque du Roi*, t. III, p. 113; t. VI, p. 135, 228. — FAURIEL, *Hist. de la Poésie provençale*, t. II, chap. 25 et 29 ; t. III, ch. 33.—*Hist. litt. de la France*, t. XXII, p. 435-551. — *Guillaume d'Orange, chansons de geste des XIe et XIIe siècles, publiées pour la première fois et dédiées à S. M. Guillaume III, roi des Pays-Bas*, par M. W.-J.-A. JONKBLOET, La Haye, chez Martinus Nyhoff, 1854, 2 vol. in-8. On peut voir les deux articles que M. Littré a consacrés à ce dernier ouvrage dans le *Journal des Savants*, cahiers de Janvier et de Mai 1857, p. 55 et 312.

[2] *Ueber ein Fragment des Guillaume d'Orenge*, von Dr. CONRAD HOFMANN, München, 1851-52, 2 part. in-4.—JOS. ALB. ALBERDINGK THIJM, *De la Littérature néerlandaise*, Amsterd., 1854, in-8, p. 41.

1*

plus sévère de l'historien traçait en même temps un narré exact et fidèle des actions de l'illustre ami de Charlemagne.

Cette vie du héros chrétien, dégagée du merveilleux de la poésie, existait dès l'année 1100 ; car, au commencement du xiie siècle, lorsque l'immense réseau des relations monastiques était encore l'un des plus puissants moyens de propagande littéraire, un moine anglais, qui s'arrêta au monastère de Saint-Evroul, portait avec lui la vie authentique et véridique du célèbre guerrier. Ordéric Vital, qui nous transmet ce détail, voulut en prendre copie ; mais avec une naïve simplicité, l'illustre écrivain de la grande abbaye normande nous apprend que, dans sa cellule de moine, le froid glacial de l'hiver ne lui permit pas de la transcrire. Toutefois, il en reconnut l'authenticité par un témoignage que l'érudition du dernier siècle a confirmé, et il voulut du moins, dans son histoire, en insérer le récit succinct, afin, dit-il, de répandre encore plus au loin la réputation de l'audacieux Marquis[1]. Ainsi chanté par les poëtes et

---

[1] Marquis ou *mark-grafs* (margraves, comtes des frontières). Jure præferenda est relatio authentica, quæ a religiosis doctoribus solerter est edita, et a studiosis lectoribus reverenter lecta est in communi fratrum audientia. Verum, quia portitor festinabat adire, et brumale gelu me prohibebat scribere, sinceram abbreviationem, sicut tabellis tradidi compendiose, sic nunc satagam membranæ summatim commendare, et audacis marchisi famam propulare. ORD. VITAL., *Hist. eccles.*, lib. VI, cap. II. Cette vie du duc Guilhem, dont Ordéric Vital donne l'abrégé, est celle que nous possédons aujourd'hui ; l'identité des expressions de cet écrivain avec celles de l'ancien Anonyme ne laisse aucun doute à cet égard. Elle fut d'abord éditée (Augsbourg, 1611) par Stengel, bénédictin de Saint-Udalric

célébré par les historiens, le nom de Guilhem fut longtemps célèbre, surtout dans le midi de la Gaule; preux
illustre et moine obscur, il dut sans doute sa gloire à
l'éclatant contraste de bravoure et d'humilité qui ré-
suma dans sa personne deux grandes puissances du
moyen âge, la chevalerie et le monachisme bénédictin.

II

Ce fut vers l'an 755, « au temps du roi Pepin, de
glorieuse et éternelle mémoire, que naquit de la race
renommée des Franks le bienheureux Guilhem; il était
fils du grand et noble comte Théodoric et de l'illustre
et très-noble comtesse Aldane [1]. » Sa patrie fut le pays

d'Augsbourg, ensuite par D. MABILLON, *Act. SS. Ord. S. Ben.*, sæc. IV,
part. I, p. 72 ; enfin par HENSCHENIUS, ap. BOLLAND., t. VI, Maii,
p. 811 ; le Père BONAVENTURE DE SISTERON l'a insérée presque entièrement, avec la traduction française en regard, dans son *Histoire
de la Ville et Principauté d'Orange*, p. 250-304. La plupart des écri-
vains, entre autres : HENSCHENIUS, *loc. cit.*; PAGI, *Crit. Baron.* ad
an. 794, n. 16; D. VAISSETTE, *Hist. du Languedoc*, t. I, p. 446; les
auteurs de l'*Hist. litt. de la France*, t. VII, p. 494, pensent que notre
biographe vivait au XIe siècle; D. Mabillon le place au IXe. Quel
que soit le temps où il vécut, tous les critiques s'accordent à le
regarder comme grave et digne de foi. Baillet lui-même dit qu'il
« paraît avoir été fort exactement informé. » *Vies des Saints*, X Février, *Table critique des auteurs.*
[1] Inclitæ laudis ac perennis memoriæ Pippini regis tempore,
natus est beatus Willelmus de præclara Francorum progenie, ex
patre videlicet nobili magnoque consule Theoderico nomine, cujus
mater æque generosa et nobilissima comitissa dicta est Aldana.

des Franks, cette terre privilégiée où les Saints, selon l'expression d'un ancien biographe, brillèrent comme les étoiles au firmament. Théodoric, son père, qui combattit longtemps dans les guerres contre les Saxons, était de la première noblesse de la nation ; il paraît même certain que la famille du duc Guilhem était unie par les liens du sang à la seconde dynastie de nos rois[1]. Quel que soit le degré de cette parenté princière, que n'ont pas précisé les historiens du temps ; de quelque côté que Guilhem ait reçu le sang royal qui coula dans ses veines, il se montra digne d'appartenir à cette puissante et féconde famille des Pepin, plus remarquable encore par la multitude de ses saints que par les généalogies

Vita S. Willelmi, n. 3, ap. BOLLAND., t. VI Maii, p. 811. Dans la charte de fondation du monastère de Gellone, Guilhem lui-même nomme Théodoric et Aldane, cf. D. VAISSETTE, *Hist. gén. de Languedoc*, t. I, Preuves, col. 31.

[1] Theodericus comes propinquus regis. EGIN. *Annal.*, ap. PERTZ, *Monum. Germ. historic.*, t. I, p. 163. Eginhard mentionne plusieurs fois ce comte Théodoric que les différents auteurs s'accordent à regarder comme le père du duc Guilhem. Ibid., p. 165, 177, 179. L'historien de Louis le Débonnaire, parlant de Bernard, fils de Guilhem, ajoute : « Qui erat de stirpe regali. » THEGAN., *De Gestis Ludov. Pii. imper.*, ap. D. BOUQUET, t. VI, p. 80, not. Quelques-uns pensent que Pepin le Bref était oncle paternel de Théodoric, père de Guilhem; d'autres croient qu'Aldane, mère de ce dernier, était fille de Charles Martel; il est cependant plus probable que la parenté royale de Guilhem venait du côté paternel. Cf. D. MABILLON, *Acta SS. Ord. S. Ben.* sæc. IV, part. I, p. 71, *observ. præv. in Vit. S. Willelmi*, n. 3. — LECOINTE, *Annal. eccl. Franc.*, t. VI, ad an. 782, n. 11, et 791, n. 3. — D. VAISSETTE, *Hist. gén. de Languedoc*, t. I, p. 446.— R. THOMASSY, *Cours sur l'Histoire des Croisades*, dans *l'Université catholique*, t. XIII, p. 190.

de rois et de reines dont elle a pu s'enorgueillir [1].

Sur cette forte et royale tige des Pepin, parmi les branches nombreuses qui surgirent, une famille s'éleva avec autant de vigueur que de beauté, ce fut celle de Théodoric et d'Aldane. Ils eurent quatre fils et deux filles; ces dernières, Albane et Bertane, abritèrent leur virginité à l'ombre du cloître; mais leurs frères eurent une postérité nombreuse. Pendant de longues années, en effet, on vit les rejetons de cette famille se propager dans toutes nos contrées méridionales, depuis les champs du Poitou jusqu'aux confins de la Septimanie, depuis les montagnes de l'Auvergne jusqu'aux murs de Barcelone; et c'est même aux descendants de Théodoric et d'Aldane que se rattache la grande et mâle lignée des comtes héréditaires de Poitiers, ducs d'Aquitaine [2].

Le principe de cette vitalité séculaire résidait sans doute dans la séve chrétienne, qui circula dans les premiers membres de cette famille. La foi fut en effet un héritage domestique pour Guilhem, car Théodoric et Aldane joignaient à la noblesse de la naissance la noblesse de la vertu [3]; et il put puiser auprès d'eux ces

---

[1] SCHONLEBEN a donné place à notre duc Guilhem dans son curieux ouvrage hagiographique, qui a pour titre : *Annus sanctus Habspurgo-Austriacus*, Salisburg., 1696, p. 355.

[2] Dans la charte de fondation du monastère de Gellone, Guilhem donne lui-même le nom de ses parents, de ses frères et de ses sœurs. D. VAISSETTE, *Hist. gén. de Languedoc*, t. I, Preuves, p. 31. — Cf. *Généalogie de la famille de S. Guillaume, duc de Toulouse ou d'Aquitaine*, ibid. p. 705.

[3] Ambo quidem de summis Franciæ principibus, consules ex

sentiments chrétiens qui transformaient les grandes
familles de Franks en familles de moines, d'évêques,
d'apôtres et de saints. Avec la foi, il reçut en même
temps cette éducation savante et guerrière que l'on
donnait alors aux jeunes Franks de noble extraction.
Les rois mérovingiens aimaient à allier la gloire des
armes et celle des lettres, et ils avaient rassemblé autour
d'eux cette école palatine dont on peut encore suivre
le sillon de lumière à travers la lointaine obscurité
du viie siècle. Les Carlovingiens se gardèrent bien
de détruire une institution qui enchaînait autour d'eux
la jeune noblesse, et ils continuèrent dignement les
traditions littéraires du palais [1]. Après la force et l'agi-
lité du corps, la connaissance de la langue de Virgile
et de Cicéron était toujours un titre puissant à la
faveur de ces rois poëtes et rhéteurs ; et Guilhem, tout
en se formant aux premiers exercices de la guerre, fut
instruit dans les études libérales, la science des philo-
sophes et les lettres divines [2].

Après cette initiation aux lettres et à la guerre, ceux
qu'une parenté royale, une brillante naissance ou les

consulibus, vita quoque et moribus placentes Deo et hominibus.
Vita S. Willelmi, n. 3, ap. BOLLAND., t. VI Maii, p. 811.

[1] D. PITRA, *Hist. de S. Léger*, chap. II et III. — OZANAM, *La Civilisation chrétienne chez les Francs*, chap. IX.

[2] Eumque disciplinis liberalibus tradunt, et specialiter infor-
mari et erudiri faciunt. Eruditum vero litteris divinis ac diversis
philosophorum doctrinis, parentes ejus, ut erat moris fieri de prin-
cipum filiis, nihilominus instruunt fortioribus studiis atque exer-
citiis militiæ sæcularis. *Vita S. Willelmi*, n. 3, ap. BOLLAND., t. VI
Maii, p. 812.

exploits des ancêtres devaient porter un jour aux charges élevées de la cour, allaient terminer cette première éducation au palais; c'était là que l'on retrouvait toute la jeune noblesse. Dans la langue du temps, cette inféodation au service du prince et à l'école palatine se nommait la *Recommandation*. Vers l'an 768, Guilhem fut donc envoyé au palais, où l'appelaient sa naissance et les services de ses aïeux; il devait alors être âgé de douze à quinze ans; c'était l'âge prescrit par les lois pour entrer au service royal[1]. Après la mort de Pepin, dit le biographe, lorsque Charles, que l'on a surnommé le Grand, se fut assis sur le trône, Théodoric et Aldane lui recommandèrent leur fils, afin qu'il fût toujours aux côtés du Roi. « Ainsi recommandé, l'enfant ne quittait plus, sans son bon plaisir, le chef qui l'adoptait. Il en habitait la tente ou le parc; il vivait parmi ses convives, il s'asseyait à la table royale; il était des fêtes, des parties de chasse et de natation, des expéditions militaires; il se nommait le nourrisson du Roi, il grandissait dans les habitudes d'un précoce servage, que compensait l'honneur de recevoir un cheval de bataille, d'être investi de la framée et admis parmi les antrustions ou convives du chef[2]. » C'est ainsi que tous les grands

---

[1] Deinde cum jam Pippinus rex ex hac luce migrasset, et filius ejus Carolus, qui dictus est Magnus et gloriosus, in throno regni resedisset; inclitus adolescens *commendatus* est ei a parentibus, ut regi semper adstaret, et in palatio, ut par erat, militaret. *Vita S. Willelmi*, n. 4, ap. Bolland., t. VI Maii, p. 812. Sur la coutume de la Recommandation, cf. Naudet, *Mém. de l'Acad. roy. des Inscriptions et Belles-Lettres*, t. VIII, p. 401. — D. Pitra, *Hist. de S. Léger*, chap. II.

[2] D. Pitra, *Hist. de S. Léger*, chap. II, p. 11.

hommes et tous les saints Évêques et Abbés du viie siècle
avaient été les *recommandés* du Roi. Saint Sulpice de
Bourges [1], saint Arnulf de Metz [2], saint Wandrille de
Fontenelle [3], saint Faron de Meaux [4], saint Léger d'Au-
tun [5] et un grand nombre d'autres avaient fait partie
de cette pléiade étincelante du palais ; et de grands
noms indiquèrent encore, à travers le viiie et le ixe siècle, les traces brillantes de cette institution jusqu'aux
jours de Charlemagne, de Louis le Débonnaire et de
Charles le Chauve, où l'école palatine acquit sa plus
vive splendeur. Lorsque, vers l'an 768, le fils de Théodoric
et d'Aldane se rendit au palais, il y rencontra, comme
dans les temps antérieurs, la noblesse, la science et la
vertu. Les deux grands Abbés de Corbie, Adalhard [6] et
Wala [7], s'y trouvaient encore ; Alcuin y arrivait pres-
qu'en même temps [8] ; et Guilhem pouvait y nouer déjà
avec Benoît d'Aniane les premiers liens de cette amitié
que devait resserrer plus tard la fraternité monastique [9].
Au milieu de la cour de Charlemagne, parmi toute cette
élite de la jeunesse barbare et gallo-romaine, le jeune

----

[1] *Vita S. Sulpicii*, n. 1, ap. D. Mabillon, *Act. SS. Ord. S. Ben.*,
sæc. ii, p. 168.

[2] *Vita S. Arnulfi*, n. 4, ibid., p. 150.

[3] *Vita S. Wandregisili*, n. 2 (vita secunda), ibid., p. 535.

[4] *Vita S. Faronis*, n. 11, ibid., p. 612.

[5] *Vita S. Leodegarii*, n. 1, ibid., p. 699.

[6] *Vita S. Adalhardi*, n. 7, ap. D. Mabillon, *Act. SS. Ord.
S. Ben.*, sæc. iv, part. i, p. 310.

[7] *Vita vener. Walæ*, n. 6, ibid., p. 453.

[8] Vers l'année 780.

[9] *Vita S. Bened. Anian.*, n. 42, ap. D. Mabillon, *Act. SS. Ord.
S. Ben.*, sæc. iv, part. i, p. 207.

Frank se fit bientôt un nom célèbre , et tous vantaient au loin sa bravoure , sa stature colossale , sa grandeur d'âme et l'intègre pureté de sa vie [1].

III

Après avoir franchi les degrés de la domesticité royale, Guilhem parvint rapidement aux charges élevées de la cour ; il fut créé chef de la première cohorte et honoré du titre de Comte du Palais [2]. Dès lors, tout à la fois conseiller du royaume et guerrier à la tête des armées, il devint l'un des plus intimes confidents de Charlemagne, et par sa bravoure militaire il s'associa à la grande œuvre chrétienne de ce prince. Les conquêtes carlovingiennes préludaient déjà aux expéditions de l'Orient : elles étaient elles-mêmes de véritables croisades , et l'épée du grand empereur, ainsi que celle de ses

[1] Siquidem Willelmi nomen jam celebre habebatur, et de sibi a Deo data fortitudine, de corporis ejus perpulchra magnitudine, de magnanimitate, deque morum ejus bene per cuncta composita qualitate, fama inclita ubique loquebatur. *Vita S. Willelmi*, n. 4, ap. BOLLAND., t. VI Maii, p. 812.

[2] Suscipit nomen Consulis et Consulatum, in rebus bellicis primæ cohortis sortitur principatum. *Vita S. Willelmi*, n. 4, ibid.—Petente Domno Guillelmo monacho, qui in aula genitoris nostri Karoli augusti comes extitit clarissimus... *Diplom. Ludov. regis Aquitan.*, ap. D. VAISSETTE, *Hist. gén. de Languedoc*, t. 1, Preuves, p. 34. — Guillelmus quoque comes, qui in aula imperatoris præ cunctis erat clarior... *Vita S. Bened. Anian.*, n. 42, ap. D. MABILLON, *Act. SS. Ord. S. Ben.*, sæc. IV, part. 1, p. 207. Les auteurs du moyen âge, pour désigner la dignité de Comte, employaient souvent le nom de Consul, dont s'est servi le biographe de Guilhem.

preux chevaliers, ne sortait presque jamais du fourreau que pour l'agrandissement de la sainte Eglise. Charlemagne, dit le biographe, n'avait qu'une seule et unique préoccupation, celle de procurer la gloire du Christ et le triomphe du nom chrétien chez toutes les nations [1] : c'est ce qu'il exécuta avec le secours de Dieu et celui de ses vaillants Ducs; mais, parmi ces derniers, Guilhem fut celui qui l'aida le plus puissamment et de ses conseils et de ses armes [2]. Tandis, en effet, que Charlemagne lui-même arrêtait l'invasion barbare du Nord, Guilhem, au Midi, refoulait au delà des Pyrénées les armées arabes : c'est pourquoi dans la suite des siècles on le regarda comme l'un des premiers croisés, et nos soldats partant pour la Terre-Sainte allèrent prier sur sa tombe.

Ce fut vers l'année 790 que Guilhem fut créé Duc de Toulouse ou d'Aquitaine; il remplaçait l'ancien duc Chorson, qui pour sa trahison venait d'être dépouillé de ce duché [3]. A cette époque le fils de Charles, Louis,

---

[1] Regis vero hæc erat intentio et cura præcipua, Christi gloriam quærere, et super omnes gentes christiani nominis elevare triumphum. *Vita S. Willelmi*, n. 4, ap. BOLLAND., t. VI Maii, p. 812.

[2] Sic enim eorum muniebatur studiis et honestis consiliis, et præcipue Willelmi innitebatur brachiis, ac si thronus aureus, qui columnis fulcitur argenteis. Willelmus regi aderat a dextris et a sinistris, ipse quidem in prosperis pariter et in adversis. *Vita S. Willelmi*, ibid. p. 812.

[3] Chorsone porro a Ducatu submoto Tolosano, ob cujus incuriam tantum dedecus Regi et Francis acciderat, Willelmus pro eo subrogatus est. ASTRONOM., *Vita Ludov. Pii*, n. 5, ap. PERTZ, *Monum. Germ. historic.*, t. II, p. 609. Cf. *Vita S. Willelmi*, n. 5, ap. BOLLAND, t. VI Maii, p. 812. — ORDER. VITAL., *Hist. eccles.*, lib. VI, c. II. — D. MABILLON, *Act. SS. Ord. S. Ben.*, sæc. IV, part. I, pag. 71. *Vita*

roi d'Aquitaine, atteignait à peine sa douzième année, et sa main trop jeune n'était pas encore assez forte pour tenir les rênes du gouvernement. La charge de Duc d'Aquitaine conférait donc à Guilhem une autorité presque royale. Son pouvoir s'étendait en effet sur tout le royaume du jeune prince, c'est-à-dire non-seulement sur l'Aquitaine proprement dite, mais encore sur la Septimanie, le comté de Narbonne et la marche d'Espagne [1].

Dans les desseins de Charlemagne, ce nouveau royaume d'Aquitaine était destiné à être le rempart de la chrétienté contre les Arabes du midi; c'était le rôle glorieux que le grand monarque lui destinait. Guilhem connaissait sa pensée, et ses regards inquiets se portaient sans cesse du côté des Pyrénées. Un instant les Wascons révoltés détournèrent son attention, mais sa prudence et

S. Willelmi, observ. præv. n. 4.—CATEL, *Hist. des Comtes de Tolose,* p. 45.—D. VAISSETTE, *Hist. gén. de Languedoc,* t. I, note LXXXVII, p. 700.—Le P. ANSELME, *Hist. généal. de la Maison roy. de France,* t. II, p. 679.—L'*Art de vérifier les dates,* t. III, p. 68, édit. de 1818.

[1] Dom Vaissette (*Hist. gén. de Languedoc,* t. 1, p. 436) remarque qu'entre tous les gouverneurs compris dans le nouveau royaume d'Aquitaine, les comtes de Toulouse furent les seuls, sous le règne de Charlemagne et de Louis le Débonnaire, qui prirent le titre de Duc; ce qui prouve qu'ils exercèrent alors une autorité supérieure à celle des autres comtes sur tout ce royaume, à l'exception toutefois de la Gascogne qui avait ses ducs particuliers. Le Duc ou gouverneur général d'une province possédait en même temps le comté ou gouvernement particulier de la capitale : ainsi Toulouse était duché et comté tout ensemble, c'est pourquoi les différents auteurs ont donné indifféremment à Guilhem le titre de Duc ou de Comte.

ses armes soumirent encore une fois ce peuple indompté, qui resta le dernier et le plus intrépide défenseur de l'indépendance méridionale contre la domination du Nord [1], et il put alors diriger tous ses efforts contre les Sarrasins, qui paraissaient plus menaçants que jamais. Écrasés dans les champs de Poitiers, plus tard poursuivis jusqu'en Espagne par les armées de Charlemagne, ces infidèles ne pouvaient se résoudre à ne plus revoir les opulentes cités du midi de la France, qui leur avaient fourni un butin si abondant. Ils franchissent donc de nouveau les Pyrénées, se répandent comme un torrent dans toute l'Aquitaine méridionale, la Septimanie et sur les deux rives du Rhône. A cette nouvelle, Charlemagne rassemble ses ducs et ses conseillers, et d'une voix unanime l'on désigne pour marcher contre l'ennemi le duc Guilhem, déjà célèbre par ses exploits.

Le guerrier part à la tête d'une armée d'élite, entre dans la Septimanie, puis va traverser le Rhône, non loin d'Orange, où s'étaient fortifiés les Sarrasins, et parvient à les chasser de la ville [2]. Deux siècles après,

[1] Astronom. *Vita Ludov. Pii*, n. 5, ap. Pertz, *Monum. Germ. hist.* t. II, p. 609.—L'abbé De Monlezun, *Hist. de la Gascogne*, t. I, p. 309.

[2] Itaque Septimaniam ingressus, transito quoque Rhodano ad urbem concitus Arausicam agmina disponit et castra... *Vita S. Willelmi*, n. 6, ap. Bolland., t. VI Maii, p. 812.—D. Vaissette (*Hist. gén. du Languedoc*, t. I, p. 446 et 447) et plusieurs autres auteurs ne reconnaissent pas la vérité du siége d'Orange. Sur ce point, le biographe du duc Guilhem, dont on ne peut contester la valeur historique, nous semble trop précis pour être rejeté sans preuves. Les romanciers, il est vrai, ont embelli cet exploit militaire par diverses circonstances fabuleuses, mais le fait lui-même nous semble certain, et nous admettons le récit de l'historien avec Mabillon,

le nom de Guilhem planait encore sur cette cité, et le biographe attribuait au héros chrétien la célébrité dont elle jouissait alors dans les contrées lointaines [1].

A peine repoussés par les armées chrétiennes, les Sarrasins reparaissaient aussitôt les armes à la main, et il se passait à peine une année sans quelque combat. Il y eut surtout, en l'année 793, une bataille mémorable qu'ont enregistrée presque tous les anciens annalistes. Hecham venait de rendre à l'Espagne arabe son prestige de force et de gloire, et la péninsule entière obéissait à sa puissance. Profitant du départ du roi Louis, qui avait emmené en Italie la plus grande partie de l'armée d'Aquitaine, il envoya Abd-el-Melek ravager la Septimanie. Ce général, après avoir incendié les environs de Narbonne, avait pris la route de Carcassonne que traverse l'Orbieu, et déjà il était arrivé aux bords de cette rivière [2]. Sur la rive opposée campait le duc Guilhem, entouré des Comtes des frontières qu'il avait rassemblés à la hâte; il était accouru afin d'arrêter la marche de l'ennemi. L'histoire nous apprend qu'il y

Baillet, Pagi, etc. *Annal. Ord. S. Ben.*, t. II, lib. XXVII, n. 32.— *Vies des Saints*, x Février.—*Crit. Baron.* ad an. 793, n. 3.

[1] Unde et civitas illa ad tanti Ducis gloriam famosissima multumque celebris, magnique nominis per totum hodieque mundum commemoratur. *Vita S. Willelmi*, n. 6, ap. BOLLAND., t. VI Maii, p. 812.

[2] Quelques auteurs placent le lieu de la bataille aux environs de l'abbaye de la Grasse, sur les bords de l'Orbieu; selon Dom Vaissette, le combat aurait été livré plus probablement vers la vallée de Villedaigne (*vallis Aquitanica*), située sur la route ordinaire de Narbonne à Carcassonne et traversée également par l'Orbieu. *Hist. gén. de Languedoc*, t. I, p. 453.

eut un choc terrible entre les deux armées ; mais moins heureuse qu'aux champs de Toulouse et de Poitiers, l'armée chrétienne fut presque entièrement anéantie. Cependant, au-dessus du souvenir de cet horrible massacre, domine celui de la bravoure du duc Guilhem ; il paraît qu'abandonné de ses Comtes en fuite, seul il tint tête à l'armée infidèle, et il ne se retira qu'après avoir jonché de morts le champ de bataille et avoir tué l'un des généraux ennemis [1]. Les Sarrasins victorieux comprirent toutefois qu'un combat ne pouvait plus leur donner la riche Aquitaine; chargés de butin, ils reprirent le chemin de l'Espagne, et les chrétiens, emmenés captifs, furent employés à la construction de la splendide mosquée de Cordoue.

Le duc Guilhem s'efforça bientôt de réparer cette dernière défaite; et c'est sans doute après la bataille de l'Orbieu qu'il faut placer la plupart de ces combats nombreux et sanglants qu'il livra aux Sarrasins, et que mentionne son biographe [2]. Nous n'avons plus le récit

---

[1] Commiseruntque prælium super fluvium Oliveio, ingravatumque est prælium nimis, ceciditque maxima pars in illa die ex populo christiano. Willelmus autem pugnavit fortiter in die illa. *Chron. Moissiac.* ap. PERTZ, *Monum. Germ. historic.*, t. I, p. 300.—Willelmus pugnavit cum Saracenis ad Narbona, et perdidit ibi multos homines, et occidit unum regem ipsis cum multitudine Saracenorum. *Annal. Sangal.*, ibid., p. 75.- Cf. EGIN., *Annal.*, ibid., p. 179.-*Annal. Lauresham.*, ibid., p. 35.—*Poeta saxo*, ibid., p. 250.—D. VAISSETTE, *Hist. gén. de Languedoc*, t. I, p. 453.—FAURIEL, *Hist. de la Gaule méridion.*, t. III, p. 379. Sur cette expédition l'on peut également consulter les historiens arabes, qui sont beaucoup plus explicites.

[2] Quot et quanta cum barbaris transmarinis et Agarenis vicinis commiserit prælia, quomodo in gladio suo cum auxilio divino populum Dei salvavit..... nec scripto hoc indiget, nec præsentis est

de ces luttes opiniâtres que chaque printemps voyait se renouveler ; cependant l'histoire nous a conservé le récit de l'une de ces expéditions guerrières à laquelle se rattache le nom du duc de Guilhem, et dont il fut même le principal promoteur. L'historien contemporain, Ermold le Noir, qui nous en a transmis les détails, vécut à la cour de Louis le Débonnaire, et de la bouche même des témoins oculaires il put recueillir les traditions vivantes de ce brillant fait d'armes [1].

C'était aux premiers beaux jours de l'année 801. Le jeune roi d'Aquitaine, Louis, avait convoqué à Toulouse la diète de ses États [1], et tous les Comtes de son royaume s'y trouvaient assemblés. « Voilà, leur dit-il, la saison des batailles ; voilà le temps où l'on court aux armes, où les nations pressent les nations. Le métier de la guerre m'est encore peu connu ; mais vous qui avez vieilli sous les armes, dites votre avis et de quel côté il faut diriger nos pas [2]. » Alors parla le prince des Wascons, Loup Sancion, renommé pour sa fidélité ; et il éleva la voix en faveur

propositi. *Vita S. Willelmi*, n. 6, ap. BOLLAND., t. VI Maii, p. 812.

[1] La poésie de son récit ne saurait en faire contester la vérité historique, surtout en ce qui concerne les personnages importants qu'il nomme et les faits principaux qu'il raconte ; car, au moment où il écrivait, la plus grande partie de ceux qui avaient assisté au siége de Barcelone, vivaient encore. Sur cet auteur, cf. *Hist. litt. de la France*, t. IV, p. 520.—PERTZ, *Monum. Germ. historic.*, t. II, p. 465.

[2] Annuus ordo redit cum gentes gentibus instant,
  Et vice partita Martis in arma ruunt.
Vobis nota satis res hæc incognita nobis :
  Dicite consilium quo peragamus iter.

     ERMOLD. NIGEL., ap. PERTZ, *Monum. Germ. historic.*, t. II, p. 469.

de la paix. Mais, lorsqu'il eut terminé, le duc de Toulouse, Guilhem, prit à son tour la parole en ces termes :
« Il est une nation cruelle qui tire son nom de Sara, et qui sans cesse ravage nos frontières; vaillante, elle se fie dans ses coursiers et dans la bonté de ses armes. Je ne la connais que trop, et elle me connaît également. Bien des fois j'ai observé les murailles de ses villes, ses châteaux forts et tous les lieux qu'elle occupe; il m'est donc facile de conduire par un chemin sûr l'armée des Franks. Sur les frontières de cette nation il est une ville puissante qui est la source de tant de maux; qu'avec l'aide de Dieu elle soit le prix de ta valeur, et tes peuples auront le repos et la tranquillité. O Roi, marche contre cette cité, et Guilhem sera ton guide [1]. » Louis accueillit avec un sourire d'approbation les paroles du valeureux Duc. « Que Dieu me prête vie, répondit-il, qu'il rende ma route prospère, ô cruelle Barcelone, qui dans ton orgueil chante tes combats contre mes guerriers ! Je verrai tes remparts, j'en atteste ces deux têtes (en parlant ainsi il s'appuyait sur les épaules du comte Guilhem). Alors, ou la foule infidèle des Maures viendra

---

[1] Gens est tetra nimis Saræ de nomine dicta ,
  Quæ fines nostros depopulare solet,
Fortis , equo fidens , armorum munere necnon ,
  Quæ mihi nota nimis et sibi notus ego.
Mœnia , castra , locos, seu cætera sæpe notavi :
  Ducere vos possum tramite pacifico.

. . . .

. . . .

Illuc tende gradum , rex , infer munera Martis ,
  Et Willelmus erit prævius , alme , tuus.

ERMOLD. NIGEL., ap. PERTZ, Monum. Germ.
historic., t. II, p. 469.

tenter les hasards du combat, ou tu seras obligé, ô
Barcelone, de m'ouvrir tes portes et de recevoir mes
ordres [1]. »

Le conseil du duc Guilhem l'avait emporté, et quelque
temps après l'assemblée de Toulouse, une armée nombreuse de Franks, d'Aquitains, de Goths, de Wascons,
de Burgondes et de Provençaux avait déjà passé les
Pyrénées, et campait devant Barcelone. Cette ville
par ses antiques fortifications, son commerce maritime
et sa situation stratégique, était l'un des points les plus
importants de la lutte militaire entre les Arabes et les
chrétiens de la Gaule; et l'on comprend la courageuse
opiniâtreté qui depuis longtemps veillait à la garde de
ce boulevard de l'Espagne musulmane [2].

L'armée du roi d'Aquitaine destinée à l'assiéger une
dernière fois se divisa en trois corps. Le premier, com-
mandé par Rostaing, comte de Gironne, cerna la place;
le duc Guilhem à la tête du second, protégea le siége en
interceptant les secours que pouvaient envoyer les
Sarrasins [3], et le roi Louis, campé dans le Roussillon,

---

[1] Si mihi vita comes, Domino tribuente, supersit,
    Ut reor, atque meum prosperet ipse itiner,
Possim aut Barchinona tuos fera cernere muros
    Quæ tot bella meis lætificata canis,
Testor utrumque caput (humeris fortasse recumbens
    Willelmi comitis, hæc quoque dicta dabat)
Aut mihi Maurorum. . . . .
          ERMOLD. NIGEL., ap. PERTZ, *Monum. Germ.
          historic.*, t. II, p. 470.

[2] FAURIEL, *Hist. de la Gaule méridion.*, t. III, p. 401.

[3] Erat autem ibi Willelmus primus signifer. ASTRONOM. *Vita
Ludov. Pii*, ap. D. BOUQUET, t. II, p. 92. — Dom Mabillon *(Annal.
Ord. S. Ben.*, t. II, lib. XXVII, n. 48), adoptant l'erreur du P. Le-

se tint prêt à les seconder au premier signal. Bientôt les
Sarrasins accoururent au secours de la ville; mais dès
qu'ils eurent appris que Guilhem se préparait à leur
disputer le passage, ils n'osèrent pas même aller à la
rencontre du célèbre guerrier, qui depuis longues
années était leur terreur et leur effroi, et ils se dirigèrent
vers les Asturies. A la nouvelle de leur retraite, Guilhem
revint devant Barcelone; le siége fut poussé avec une
vigueur nouvelle et l'armée des chrétiens s'approcha
jusque sous les remparts de la ville. Ermold le Noir
rapporte qu'un jour, du haut des murailles, un Maure
s'écria avec ironie : « O Franks, quelle est votre folie?
pourquoi vous fatiguer à battre nos murs ? nul strata-
gème ne saurait vous rendre maîtres de cette ville. Nous
avons des vivres en abondance, de la viande et du miel;
mais vous, la famine vous épuise. » Guilhem entendait
ces paroles. « Maure orgueilleux, s'écria-t-il, vois-tu ce
cheval tacheté sur lequel j'observe vos murailles; il sera

cointe sur l'époque du siége de Barcelone, que ce dernier auteur
place en 807, a pensé que Guilhem, dont parle l'Astronome, ne pouvait être le même que notre saint Guilhem qui se fit moine en 806.
Mais Dom Vaissette a prouvé que le siége de Barcelone devait
être rapporté à l'an 801, ou 803 au plus tard ; et il n'est pas douteux
que Dom Mabillon n'eût admis la présence du duc Guilhem au siége
de Barcelone s'il eût connu le poëme d'Ermold que Muratori édita
quelque temps après la mort du savant bénédictin. Du reste, tous les
auteurs regardent comme certain que Guilhem le premier Porte-
enseigne, n'est autre que le fondateur de Gellone. Cf. D. VAISSETTE,
Hist. gén. de Languedoc, t. I, note XC, p. 735 et suiv., ibid., p. 757.—
LECOINTE, *Annal. eccles. Franc.*, t. VII, ad an. 807, n. 4.—PAGI,
Crit. Baron. ad an. 801, n. 10.—L'*Art de vérifier les dates*, t. III,
p. 68, édit. de 1818. — FRANTIN, *Annales du moyen âge*, t. VIII,
p. 181.—FAURIEL, *Hist. de la Gaule méridion.*, t. III, p. 404 et suiv.

broyé sous nos dents pour nous servir de nourriture, avant que nous abandonnions vos remparts [1]. » Rien ne put en effet vaincre la constance guerrière des troupes chrétiennes ; et lorsque les Arabes les virent élever des cabanes afin d'y passer l'hiver, le découragement se mit parmi eux. Dès que Guilhem et Rostaing connurent que le siége touchait à sa fin, ils engagèrent le Roi à venir recevoir lui-même la soumission de la ville. Celui-ci les rejoignit aussitôt ; et six semaines après son arrivée, les Sarrasins ouvraient les portes de Barcelone, et perdaient l'une de leurs plus puissantes forteresses. Louis y fit son entrée en conquérant chrétien ; et l'on vit l'armée au milieu des hymnes et des cantiques se diriger vers l'église de la Sainte-Croix, afin d'y rendre grâces à Dieu [2].

La prise de Barcelone fut l'œuvre et le triomphe de Guilhem. « C'était lui principalement qui avait provoqué cette grande expédition, qui la commandait en chef et

[1] Cernis equum maculis variisque coloribus aptum,
    · Quo vehor, intendens mœnia vestra procul.
Ante equidem nostris indignis morsibus æscis
    Occidet, et nostro dente terendus erit,
Vestra vetata nimis quam mœnia nostra caterva
    Deserat, haut unquam prælia cœpta cadent.
ERMOLD. NIGEL., ap. PERTZ, Monum. Germ. historic., t. II, p. 474.

[2] ASTRONOM. Vita Ludov. Pii, ap. PERTZ, Monum. Germ. historic., t. II, p. 613. — ERMOLD. NIGEL., ibid., t. II, p. 476, 477. — EGIN. Annal., ibid., t. I, p. 190. — Annal. Moissiac., ibid., p. 307. — Sur l'époque du siége de Barcelone on peut consulter D. VAISSETTE, Hist. gén. de Languedoc, t. I, note XC, p. 735, et on peut en lire le récit plus détaillé dans FAURIEL, Hist. de la Gaule méridion., t. III, p. 400-415, et dans l'Université catholique, t. XIII, p. 416 ; Cours sur l'histoire des Croisades, par M. R. THOMASSY.

qui en avait été le rude et pieux héros [1]; » aussi son nom
seul a-t-il conservé quelque gloire au milieu des noms
oubliés des autres chefs, qu'ont à peine mentionnés les
historiens. Ainsi, grâce à la forte administration et à la
belliqueuse valeur du courageux Duc, Louis le Débonnaire put enfin donner à la marche d'Espagne une or-
ganisation définitive; et, de même que les marches de
l'ouest et du nord mettaient à l'abri des barbares la
partie septentrionale du royaume, celle d'Espagne protégea les frontières méridionales contre de nouvelles
invasions des Sarrasins. Désormais cette race conqué-
rante se tiendra sur la défensive; et, lorsqu'elle reparaî-
tra quelquefois encore dans les provinces du midi, ses
courses seront plutôt des pillages passagers que de véritables conquêtes. La prise de Barcelone ouvrit réel-
lement l'ère de la liberté et de l'affranchissement de la
péninsule; et Guilhem fut l'un des principaux héros de
ces premières croisades espagnoles que, sept cents ans
plus tard, devait couronner la prise de Grenade [2].

Aussi le brillant duc d'Aquitaine, le vainqueur des
Sarrasins, a-t-il apparu dans le lointain des âges comme
l'un des premiers ancêtres des croisés; et si, dans la
suite des siècles, sa mémoire fut si chère aux guerriers
de l'Occident, c'est que sa bravoure militaire étendit le
royaume de l'Église, et qu'on le regarda toujours comme

[1] FAURIEL, *Hist. de la Gaule méridion*, t. III, p. 407.

[2] La prise de Barcelone est le fait dominant des guerres de
Charlemagne contre les Arabes d'Espagne; depuis cette époque
jusqu'à saint Louis, cette ville fut soumise aux rois de France, qui
y furent reconnus pour souverains.

l'un des plus beaux types du soldat chrétien [1]. Ordéric
Vital nous apprend que, vers la fin du XIe siècle, à la
cour du somptueux Hugues d'Avranches, comte de
Chester, il y avait un clerc nommé Gérold, qui desser-
vait la chapelle de cet opulent favori de Guillaume le
Conquérant. Or souvent ce clerc annonçait la parole
divine à la suite nombreuse qui formait le brillant en-
tourage de son maitre, et il aimait surtout à raconter à
tous ces barons et soldats qui ne respiraient que les
combats, à tous ces fils de nobles élevés sur les champs
de bataille, les exemples de ceux qui s'étaient sanctifiés
sous les armes [2]. Il leur rappelait donc les guerriers de
l'Ancien Testament, et il leur disait ensuite la sainte
bravoure de Démétrius et de Georges, de Théodore et
de Sébastien, de Maurice et de sa brave légion, d'Eus-
tache et de ses valeureux compagnons; mais, dit l'historien, après tous ces Machabées chrétiens, il leur par-
lait toujours du duc Guilhem, le saint guerrier qui,
après avoir vieilli dans les combats, avait échangé la
milice séculière pour la milice monastique [3]. Puis, à

[1] Voir les pages intéressantes que M. R. Thomassy lui a consa-
crées, et dans lesquelles cet auteur fait précisément ressortir le
caractère du croisé. *Cours sur l'hist. des Croisades* dans *l'Université
catholique*, t. XIII, p. 182, 416.

[2] Præcipuis baronibus et modestis militibus, puerisque nobilibus
salutares monitus promebat, et de Veteri Testamento novisque
christianorum gestis imitanda sanctorum militum tirocinia ubertim
coacervabat. ORDER. VITAL., *Hist. eccles.*, lib. VI, cap. I.

[3] Luculenter enim enarrabat conflictus Demetrii et Georgii, Theo-
dori et Sebastiani, Mauricii ducis et Thebææ legionis... Addebat
etiam de sancto athleta Guillelmo, qui post longam militiam abre-
nuntiavit sæculo, et sub monachili regula gloriose militavit Domino. ORDER. VITAL., *Hist. eccles.*, lib. VI, cap. I.

1***

cette époque même, où le clerc Gérold mêlait ainsi le
nom du duc Guilhem aux noms des Démétrius et des
Maurice, le grand et saint pape Grégoire VII, qui eut
la pensée d'aller lui-même au secours des chrétiens
d'Orient, dédiait un autel au héros chrétien par la main
de son légat, Amat, évêque d'Oléron. Sans doute il
voulait ainsi proposer aux Croisés futurs un saint et glorieux modèle; il ne se trompa pas. Lorsque le cri de
Dieu le veut eut ébranlé l'Occident, les pèlerins, avant
le départ pour les contrées orientales, vinrent s'age-
nouiller devant l'autel du duc Guilhem, et de nombreux
croisés, à l'exemple de Bernard-Aton, vicomte de Béziers, allèrent chercher au désert de Gellone les vieilles
traditions de la valeur chrétienne [1].

IV

La grande et noble race des Carlovingiens aima longtemps d'une spéciale affection la famille bénédictine. Le
premier roi de cette dynastie, baptisé par le bénédictin Willibrord, avait été sacré par le moine Boniface;
et peu après, un autre fils de saint Benoît, saint Léon III,
plaçait la couronne impériale sur le front de Charlemagne, qui trouvait en même temps dans les milices
monastiques les plus puissants auxiliaires pour son
œuvre de conquête et de civilisation. Outre une pieuse

---

[1] *Découverte et restitution de l'Autel de saint Guillaume, parent de
Charlemagne*, par M. R. THOMASSY, dans les *Mém. de la Soc. roy.
des Antiquaires de France*, t. XIV, p. 227.

amitié, une sainte et chevaleresque reconnaissance
attachait donc cette dynastie aux enfants de saint Benoît.
Aussi ceux-ci en furent-ils comblés de nombreuses
largesses ; et dans leurs annales ils ont enregistré avec
amour les noms et les libéralités de Pepin et de Charlemagne, de Louis le Débonnaire et de Charles le
Chauve, qui aimaient à se mêler à leurs fêtes, et qui
venaient au milieu d'eux choisir leurs ministres et leurs
ambassadeurs. Pour tous les seigneurs issus du sang
des Pepin, cette royale affection envers l'ordre monastique sembla être un héritage de famille ; et, durant le
cours du IXᵉ siècle, depuis les Pyrénées jusqu'au delà du
Rhin, le souvenir de quelque prince carlovingien plane
sur la plupart des grandes abbayes bénédictines. Le
duc Guilhem, comme Charlemagne son parent, aima
aussi les moines; comme lui, il eut pour eux une tendresse paternelle ; et c'était surtout sur les monastères
que fondait ou restaurait son royal ami que se portaient
sa sollicitude et ses largesses[1]. Mais il se prit lui-même
à ambitionner la gloire chrétienne de construire l'un
de ces pieux asiles, et il s'en alla chercher une solitude
où il pût réaliser son dessein.

En descendant le cours de l'Hérault, vers l'endroit
où il coule à distance à peu près égale entre Lodève et
Montpellier, on découvre sur la rive droite une vallée
profonde et resserrée que ferme le lit même du fleuve :

---

[1] Cumque generaliter monasteriis omnibus largus et munificus
habaretur (Willelmus), illa tamen quadam speciali prærogativa
tuebatur et fovebat quæ dominus suus Carolus olim nova cons-
truxerat aut destructa renovarat. *Vita S. Willelmi*, n. 7, ap. Bol-
LAND., t. VI Maii, p. 812.

c'est l'ancienne vallée de Gellone [1]. Là, dans cette contrée retirée, tout rappelle encore de nos jours l'antique renommée du duc de Guilhem; depuis le nom du village qui s'élève dans la vallée, jusqu'aux ruines du Château-Géant qui le domine du haut de son rocher, tout y est empreint des souvenirs du pieux et vaillant Duc. La mémoire des vieillards du pays conserve même d'anciennes traditions que leur ont léguées leurs ancêtres; et en les écoutant on croit entendre les dernières réminiscences de ces épopées, qui jadis furent chantées si souvent dans ces gorges de montagnes en l'honneur du vainqueur des Sarrasins [2].

Ce fut, en effet, dans cette vallée solitaire que Guilhem, après avoir longtemps erré dans les Cévennes, arrêta ses pas pour y élever un monastère. A son arrivée, nulle trace de culture n'avait encore altéré l'aspect austère et sauvage de cette contrée, aucun habitant n'animait encore cette solitude; quelques années plus tard seulement, le désert devait se féconder sous la main du moine, et les habitations de Saint-Guilhem allaient se grouper autour des murs de l'abbaye. Mais alors le silence de la vallée, ses rochers à pic, ses hauteurs abruptes et ses forêts touffues, dont parle l'ancien historien, formaient

---

[1] L'auteur de la Vie du duc Guilhem donne l'étymologie suivante du nom de Gellone : « Requiritur nomen loci, et invenitur quoniam Vallis-Gellonis antiquitus diceretur : et ideo fortassis, ut quidam interpretantur, quod in ipsa solitudine deserti, inter immensos scopulos et colles horribiles, quasi *agellus* vel parvus ager remansisse videretur. » *Vita S. Willelmi*, n. 9, ap. BOLLAND., t. VII Maii, p. 813.

[2] Cf. *Voyage à l'Abbaye de Saint-Guillem-du-Désert*, articles publiés par M. RAYMOND THOMASSY dans le journal l'*Univers*, année 1839, 25 Oct., 5 et 19 Nov., 20 Déc.

l'un de ces sites calmes et grandioses qu'aimaient à choisir les fondateurs d'abbayes. Guilhem comprit qu'il avait trouvé le lieu qu'il cherchait [1].

Il se mit aussitôt à l'œuvre; au milieu de la petite plaine inculte qui s'étendait dans la vallée, il traça à grands traits les lignes principales du monastère, et il en distribua l'ensemble selon les antiques prescriptions qui dirigeaient les constructions monastiques. L'invariable uniformité, l'identité constante des plus anciens monastères bénédictins attestent en effet, sur ce point, l'existence d'une tradition; et la fondation de celui de Terracine, dont saint Benoît lui-même voulut indiquer le plan, ne permet pas de douter que ce législateur n'ait légué lui-même à ses premiers disciples les règles de ce type traditionnel [2]. Comme les monastères de Sublac et de Cassin, celui de Gellone embrassa dans son enceinte l'oratoire, le réfectoire, le dortoir, la maison des infirmes, la celle des novices, l'hôtellerie, et enfin le *xenodochium* des pauvres. Entrant dans ces détails domestiques, que n'avait pas oubliés la sollicitude paternelle de saint Benoît lui-même, le pieux Duc, de la même main dont il tenait sa vaillante épée et gagnait des victoires, traça avec le cordeau l'étendue

---

[1] Nam convallis ipsius angustias ingresso, et ad interiorem eremum paulo longius progresso, subito occurrit inter ipsas montium crepidines parva quædam et inculta planities, aeriis undique jugis et rupibus constipata, nemorosis circumquaque arboribus obumbrata. *Vita S. Willelmi*, n. 9, ap. BOLLAND., t. VI Maii, p. 813.

[2] *Vita S. Bened.*, cap. x. — *Reg. S. Bened.*, cap. LXVI et passim; sur ce sujet, on peut consulter avec intérêt l'ouvrage de M. Lenoir, *Architecture monastique*, qui fait partie de la Collection des *Documents inédits sur l'hist. de France*.

que devaient occuper le four et la boulangerie, et indi-
qua l'emplacement du moulin sur les bords d'un ruis-
seau d'eau vive, qui, sous le nom de Verdus, parcourt
encore de nos jours la vallée de Gellone et va se perdre
dans l'Hérault [1]. La pieuse activité et le zèle impatient
de Guilhem hâtèrent rapidement les travaux, et bientôt,
au milieu des diverses constructions, on vit apparaître
la basilique avec son pavé de marbre précieux et le
nombre symbolique de ses autels. Aujourd'hui encore,
à travers les changements qu'ont apportés les diverses
générations, au milieu des ruines que les siècles ont
faites, l'on peut contempler une partie de ces murailles
primitives que les saints ont fait construire, et que peut-
être ils arrosèrent de leurs sueurs et cimentèrent de
leurs mains [2].

---

[1] Quamprimum condecens metitur oratorium, metitur etiam
totius claustri spatium, domum refectionis atque dormitorium,
domum etiam infirmorum et cellam novitiorum, proaulam hos-
pitum, xenodochium pauperum, junctum clibano pistrinum, de
latere molendinum. *Vita S. Willelmi*, n. 9, ap. BOLLAND., t. VI
Maii, p. 813.

[2] L'église actuelle, à l'exception de quelques changements, est
réputée l'église primitive, bâtie par S. Guilhem. M. l'abbé Vinas,
qui l'a étudiée d'une manière spéciale, dit qu'il a rencontré sur les
bords du Rhin un grand nombre de constructions tout à fait homo-
gènes au cloître et à l'église de Saint-Guilhem. Le baron Taylor
a reproduit plusieurs détails de l'église et du cloître : *Voyages pit-
toresques dans l'ancienne France* (Languedoc); voir les planches et
surtout les encadrements du texte. On peut également consulter
M. R. THOMASSY : *L'ancienne Abbaye de Gellone*, dans les *Mém.
de la Soc. roy. des Antiquaires de France*, t. XV, p. 307. — M. J.
RENOUVIER, dans les *Monuments de quelques diocèses du Bas-Lan-
guedoc*, a donné aussi une monographie de cette abbaye avec

Il restait maintenant au duc Guilhem à choisir une
colonie monastique qui vînt habiter son désert. Depuis
que la conquête franke avait commencé à délivrer des
invasions des Sarrasins les provinces méridionales de
la Gaule, l'ordre monastique y reprenait son ancienne
vigueur. Sans doute, il ne devait pas exercer dans ces
contrées la même influence que dans celles du nord.
Sur les rives de l'Elbe et du Rhin, l'apostolat des
enfants de saint Benoît eut autant de part à la soumission
de ces pays que les victoires même de Charlemagne.
Si le grand empereur conduisait ses armées au combat,
les moines souvent l'avaient déjà devancé, ou du moins
marchaient du même pas; et, en voyant ces pacifiques
légions du cloître camper aux bords des fleuves, sur les
montagnes, dans les vallées et au milieu des forêts,
les nations barbares, neuves encore à l'influence chrétienne, se laissaient rapidement subjuguer par ces con-
quérants sans armes, et souvent des individus de ces races
demi sauvages, attirés par leur parole et leur exemple,
venaient eux-mêmes grossir les rangs de la milice monastique. Il n'en fut pas ainsi au Midi. Les disciples d'Arius
et de Mahomet n'étaient pas étrangers à la connaissance
des dogmes chrétiens ; ils étaient par là même moins
accessibles à la lumière qu'ils avaient méprisée. Le fana-
tisme mahométan et les défiances de l'ancien arianisme
visigoth devaient donc, dans ces contrées, neutraliser le
dévouement apostolique des moines; d'ailleurs les Arabes

planches. **M. Eug.** Thomas, dans son ouvrage qui a pour titre :
Montpellier, p. 280, mentionne un souvenir bénédictin que possède
encore l'église de Saint-Guilhem, c'est un orgue construit par
Dom Bedos.

ne faisaient que camper dans les pays qu'ils occupaient, et leurs mobiles phalanges, en fuyant devant les Franks, se dérobaient ainsi à toute action durable. Cependant, quoique l'influence du monachisme ait été moins grande dans ces contrées, son rôle n'en fut pas moins réel [1]. Après l'expulsion des Arabes, le ciel du midi vit en effet s'épanouir de nouveau plusieurs de ces grandes abbayes bénédictines qui déjà peuplaient le nord, et le vieux sol de la Septimanie surtout, qu'avaient foulé si long-temps les pas des infidèles, sentit circuler de toutes parts la séve monastique [2].

[1] Ordinavit (Carolus) autem per totam Aquitaniam comites, abba-tes, necnon alios plurimos quos vassos vulgo vocant, ex gente Fran-corum... ASTRONOM. *Vita Ludov. Pii*, ap. PERTZ, *Monum. Germ. historic.*, t. II, p. 608.

[2] Les fondations de monastères qui eurent lieu dans le midi, à la fin du huitième siècle et au commencement du neuvième, indiquent assez quelle fut alors l'activité monastique au milieu de ces con-trées. Dans la seule province de Septimanie, l'on trouve Notre-Dame de la Grasse, vers 778; Aniane, en 782; St-Laurent de Cabre-resse, vers 780; St-Tiberi, vers 780; Caunes, formé de la réunion des deux monastères de St-Jean et de St-Pierre, vers 790; Montoliou, vers 800; Gellone, en 804; St-Polycarpe sur Rieugrand, vers 805; Notre-Dame d'Arles au diocèse de Perpignan, vers 810; St-Chignan, vers 820; plusieurs autres monastères y étaient en même temps relevés de leurs ruines. Du reste, le mouvement monastique se propagea même sur le versant méridional des Pyrénées, comme on le voit dans D. Mabillon, qui, après avoir énuméré plusieurs monastères d'Espagne, ajoute : « Tot monasteriorum fundationes, tot Ordinis nostri decora accepta referre debemus regibus Francorum, in pri-mis Carolo magno et Ludovico ejus filio, qui victoriis suis in Sar-racenos ad hoc tantum usi videntur, ut auctoritate et munificentia sua rem christianam atque monasticam promoverent. *Annal. Ord. S. Bened.*, t. II, lib. XXVI, n. 57.—Sur les monastères d'Aquitaine,

Tout près de Gellone, à une lieue et demie environ, s'élevait, sur la rive opposée de l'Hérault, un monastère qui est resté illustre dans les Annales bénédictines : c'était Aniane. Benoît, qui l'avait fondé, était un ami de Guilhem, qu'il avait autrefois connu au Palais. Lui aussi avait quitté l'opulence et les plaisirs, s'était fait moine à Saint-Seine, et était venu fonder dans l'un de ses domaines le monastère dont le nom devait se confondre avec son propre nom et en partager la gloire. Sous sa conduite, Aniane voyait refleurir le vieil arbre monastique ; et lorsque s'achevait Gellone, Benoît envoyait déjà de toutes parts les colonies de ses fils. Guilhem, pour peupler son monastère, alla donc s'adresser à l'ancien compagnon de sa jeunesse ; celui-ci, de son côté, se souvint du vieil ami de la cour de Charlemagne ; et bientôt ses disciples portèrent d'Aniane à Gellone une étincelle de cet ardent foyer, dont la chaleur rayonnait au loin et réchauffait déjà l'ordre monastique dans toutes les Gaules [1].

En même temps Guilhem achevait son œuvre avec une prodigue et religieuse munificence. Il dotait de richesses abondantes sa fondation nouvelle ; et, grâce à ses largesses, le monastère naissant pouvait déjà énu-

on peut voir aussi FAURIEL, *Hist. de la Gaule méridion.*, t. III, p. 482 et suiv.

[1] *Vita S. Willelmi*, n. 10, ap. BOLLAND., t. VI Maii, p. 813.— *Vita S. Bened. Anian.*, ap. D. MABILLON, *Act. SS. Ord. S. Bened.* sæc. IV, part. I, p. 208.—*Gall. christ.*, t. VI, col. 580.—Gellone fut l'un des douze monastères soumis au gouvernement de S. Benoît d'Aniane, les onze autres étaient : Aniane, Caseneuve, l'Ile-Barbe, Menat, Saint-Savin de Poitiers, Micy, Massay, Cormery, Celleneuve, Maurmunster et Saint-Corneille d'Inde.

mérer les prairies, les forêts, les vignobles, les pêcheries et métairies qu'il possédait dans les contrées de Lodève, de Maguelone, de Rodez et d'Albi; il paraît même que, plus riche qu'Aniane, Gellone fut l'un des plus opulents monastères du Midi [1]. La foi et la générosité des seigneurs et des rois ne croyaient jamais récompenser assez noblement ces pauvres serviteurs de Dieu, qui dans leurs cloîtres priaient pour leurs péchés, et qui, en échange d'or, de prairies et de vignes, leur méritaient les richesses du ciel.

Or, tandis que le duc Guilhem travaillait à élever le monastère de Gellone, ses deux sœurs vinrent le trouver; l'une se nommait Albane et l'autre Bertane; toutes deux étaient demeurées vierges, toutes deux également elles étaient d'une beauté non-pareille,

---

[1] Prædia namque cum scripto largitur ingentia, familiam multam nimis, loco semper et fratribus servituram, auri quoque plurimum et argenti, mirabiles multasque gazas multiplicis ornamenti, greges etiam non parvi numeri sexusque promiscui, pecoris et armenti. *Vita S. Willelmi*, n. 10, ap. BOLLAND., t. VI Maii, p. 813. Voir l'état des possessions de l'Abbaye que fit dresser l'Abbé Juliofroi vers l'an 803. D. VAISSETTE, *Hist. gén. du Languedoc*, t. I, Preuves, col. 33, et l'article sur l'Abbaye de Saint-Guilhem-du-Désert, inséré dans le journal l'*Univers*, année 1839, 19 Nov.—Quant à la question de critique que peuvent soulever les deux chartes attribuées au duc Guilhem, et auxquelles le biographe cité au commencement de cette note fait allusion, il serait trop long de la traiter ici; nous ne pouvons que renvoyer à M. R. THOMASSY, *Critique des deux chartes de fondation de l'Abbaye de Saint-Guilhem-du-Désert*, dans la *Biblioth. de l'Ecole des Chartes*, 1re série, t. II, p. 177. On conserve encore le cartulaire de l'Abbaye de Saint-Guilhem, sur lequel on peut consulter la *Notice* donnée par M. E. Thomas *sur les Archives du département de l'Hérault* dans l'*Annuaire de l'Hérault* de 1840.

dont le merveilleux éclat égalait la gloire de leur naissance [1]. Touchées de la piété de leur frère, elles se jetèrent à ses genoux, et les larmes aux yeux : « Écoute, ô frère et seigneur, lui dirent-elles, écoute notre demande ; si nous avons trouvé grâce devant toi, offre au Seigneur notre virginité ; présente-nous comme une hostie vivante à celui dont le doux amour nous fait mépriser les amours charnels. Nous avons fait un vœu, et avec l'aide de Dieu et ton consentement nous désirons l'accomplir : c'est de passer ici le reste de nos jours sous l'habit de la sainte Religion, d'y combattre pour le Christ et d'y attendre le jour de notre mort. » A ces paroles, Guilhem eut une grande joie ; et l'amitié fraternelle offrit à Dieu ces deux victimes comme un sacrifice d'agréable odeur [2]. Dans la suite, Albane et Bertane restèrent toujours fidèles, et leur virginité féconde ne resta pas sans postérité ; car, de longs siècles après elles, sur cette même terre qu'elles avaient sanctifiée, les *Religieuses de Saint Guillaume* perpétuaient encore leur sacrifice et leurs prières [3]. Du reste, dans

[1] Erant beato Willelmo duæ sorores virgines, tanti generis linea satis superque nobiles, quarum altera dicebatur Albana, altera vero Bertana ; ambæ omni elegantia ac venustate præeminentes, morum quoque et vitæ lampadibus effulgentes. *Vita S. Willelmi*, n. 11, ap. BOLLAND., t. VI Maii, p. 813.

[2] Dom Mabillon remarque qu'il n'a pas trouvé d'autre exemple de personnes adultes offertes dans les monastères ; cependant Dom Martène donne à entendre que ce fait n'a pas été un fait isolé, car il cite le Rituel d'Aniane et un statut du chapitre général de Gellone qui font allusion à cette coutume. *Vita S. Villelmi*, n. 11, not., ap. D. MABILLON, *Act. SS. Ord. S. Bened.*, sæc. IV, part. 1, p. 77. — D. MARTÈNE, *De antiq. Monach. Ritibus*, lib. V, cap. II, n. 24.

[3] Ce fut à quelques pas du monastère de Gellone, dans l'endroit

la mémoire du peuple, le souvenir des deux sœurs resta toujours uni au souvenir du frère ; et jusqu'aux derniers temps, au fond de la vallée de Gellone, la foule environna leurs tombeaux d'un amour presque égal et d'une même vénération [1].

V

C'était en l'année 804 que le duc Guilhem avait fondé le monastère de Gellone [2]. La prise de Barcelone ré-

où s'éleva ensuite l'église paroissiale de Saint-Barthélemi, que les deux sœurs du duc Guilhem se consacrèrent à Dieu et que s'établit une communauté de religieuses ; Gellone peut donc être considéré comme l'un de ces monastères doubles dont le nombre se multiplia beaucoup dans l'Occident. Les statuts de cette Abbaye, approuvés au XIIIᵉ siècle par Clément IV, mentionnent encore les religieuses de saint Guillaume, *monachæ S. Guillelmi*. Cf. D. VAISSETTE, *Hist. gén. de Languedoc*, t. I, p. 464.—D. MABILLON., *Vita S. Willelmi, observ. præv.*, n. 5, ap. *Act. SS. Ord. S. Bened.*, sæc. IV, part. I, p. 72. — Idem. *Annal. Ord. S. Bened.*, t. II, lib. XXVIII, n. 6.

[1] Le tombeau des BB. Albane et Bertane, mutilé par les calvinistes pendant les guerres de religion, demeura cependant entier jusqu'en 1807. Ce fut à cette époque qu'on brisa le sarcophage, et l'on employa une partie de ses débris à élever un autel. M. l'abbé Vinas, qui a résidé à Saint-Guilhem, et qui nous a donné ce renseignement, nous a appris en même temps qu'il avait recueilli un grand nombre de fragments de ce monument, et qu'il était parvenu à le rétablir presque entièrement. Ce tombeau porte : en face, le Christ et les douze apôtres ; sur le latéral de droite, les enfants dans la fournaise ; sur celui de gauche, Adam et Ève, l'arbre et le serpent ; sur le fronton du couvercle, Daniel dans la fosse aux lions.

[2] Outre Gellone, Guilhem fonda le petit monastère de Caseneuve

pandait alors au loin le bruit de son nom et l'éclat de
sa renommée; les Sarrasins vaincus respectaient sa
puissance, et le Midi commençait à goûter la paix
qu'avaient conquise ses armes victorieuses. Le valeureux
Duc pouvait donc jouir en repos des joies et des dignités
humaines; car, dit son biographe, le bonheur et l'opulence, les douceurs de la famille et la gloire du guerrier
habitaient dans sa demeure [1]. Or, sur ces entrefaites, il
arriva que l'empereur Charles le manda près de lui au
pays des Franks. Depuis longues années, Guilhem
n'était pas retourné dans sa patrie, et il partit avec joie
pour revoir le sol natal, où l'appelait l'ordre de son
souverain. L'historien dit qu'à son arrivée il y eut de
grandes réjouissances et des fêtes magnifiques; admis
dans l'intimité du palais, le Duc de Toulouse s'asseyait
parmi les convives de la table royale; il accompagnait
l'empereur Charles partout où il allait, et tous les nobles
Franks, en le voyant au milieu des honneurs, s'enor-
gueillissaient eux-mêmes de la gloire dont il était
entouré [2].

dans l'ancien diocèse d'Uzès. Cf. D. VAISSETTE, *Hist. gén. de Languedoc*, t. I, p. 478. — *Gall. christ.*, t. VI, p. 654.

[1] Nimirum in domo ejus erant divitiæ et gloria, rerum omnium
copia, prolis gratia, uxoris pudica et fidelis amicitia. Non ventila-
bant, ut olim, aliqui eum hostes, neque sollicitabant Agarenorum
gentes. *Vita S. Willelmi*, n. 12, ap. BOLLAND., t. VI Maii, p. 813.

[2] Obtentu regis aliquamdiu commoratus est in Francia, cum eo
procedens pariterque convivans, potens in palatio et imperio prin-
ceps... Franci omnes exsultabant super eum, et nobilis cognatio,
necnon et familia naturalis debita præcipue tripudiabant lætitia.
Vita S. Willelmi, n. 13, ap. BOLLAND., t. VI Maii, p. 814. Dom Vaissette pense que le duc Guilhem se trouva à la diète de Thionville

Cependant, parmi les délices et les fêtes de la cour impériale, entouré de la pompe et du faste du palais, sans cesse Guilhem se rappelait le monastère de la solitaire vallée de Gellone, sans cesse ses souvenirs se reportaient vers les humbles moines qu'il avait laissés dans cet asile de la paix ; et il songeait lui-même à quitter toute cette gloire passagère pour se faire le pauvre du Christ et devenir le chevalier de ce Roi éternel [1]. Depuis que saint Martin, le soldat de Pannonie, avait inauguré la vie monastique dans les vallées du Poitou, un charme inconnu, un attrait irrésistible semblait attirer les guerriers vers le monastère : c'est que là, à côté des douceurs du régime paternel et de la tranquillité de la famille, ils retrouvaient la vie dure et les mâles habitudes de la vie des camps. A leurs yeux, le monastère était une forteresse où ils se retranchaient contre le monde ; comme des frères d'armes, ils y combattaient sous la même bannière, et une discipline sévère enveloppait toute leur vie. En se retirant sous le cloître, ils ne faisaient qu'échanger la chevalerie séculière pour une autre chevalerie, pieuse et sainte, qui exigeait la même fidélité, le même dévouement et le même honneur. Les allusions guerrières, qui se rencontrent sans cesse dans les récits de la vie monastique de tous ces

qui se tint vers le même temps. *Hist. gén. de Languedoc,* t. I, p. 467.

[1] Namque inter delicias domini scilicet Caroli.... nocte dieque tractabat cura præmaxima et corde pervigili, quatenus, relicta hac omni pompa nobili et gloria transitoria hujus mundi... divitias æternas in cœlo consequeretur, et Regis immortalis Patrisque invisibilis miles esse mereretur. *Vita S. Willelmi,* n. 14, ap. BOLLAND., t. VI Maii, p. 811.

preux convertis, ne laissent aucun doute sur l'intime
liaison qui dans leurs pensées existait entre ces deux
chevaleries. Saint Benoît lui-même avait assimilé la vie
du cloître à la vie des camps, et il ordonne à ses disciples de se revêtir des fortes et éclatantes armes de l'o-
béissance pour combattre dans la royale armée du
Christ [1].

Pendant le viie et le viiie siècle, de nombreux Franks
quittèrent ainsi leur armure de fer pour cette armure
du cloître; mais ce fut surtout durant les trois siècles
qui suivirent Charlemagne qu'une multitude immense
de ces guerriers s'enrôla dans les rangs des fils de saint
Benoît. A l'époque même où vivait Guilhem, c'était le
noble Otgaire que sa bravoure avait fait surnommer, par
ses compagnons d'armes, le *Guerrier des Guerriers* [2];
c'était Barnard, le belliqueux émule de la valeur et de

---

[1] Ad te ergo nunc meus sermo dirigitur, quisquis abrenuntians
propriis voluntatibus, Domino Christo, vero Regi, militaturus obe-
dientiæ fortissima atque præclara arma assumis. *Reg. S. Bened.*,
Prol., n. 1. Il suffit d'ouvrir les hagiographes et les chroniqueurs du
viie au xiie siècle pour y retrouver cette pensée de la milice monastique, reproduite sous toutes les formes; pensée qu'un vassal de
Roger de Montgommery exprimait d'une manière énergique, en
disant à ce dernier : « Generositatem vestram, gloriose consul, fide-
liter admoneo ut, dum licet, in comitatu vestro, quem jure a pa-
tribus non consecutus es hæreditario, monachile castrum contra
Satanam construatur Deo, ubi pro anima vestra cucullati pugiles
Behemoth conflictu resistent assiduo. » ORDER. VITAL., *Hist. eccles.*,
lib. v, cap. xvii.

[2] ... Adeo strenuum in præliis, ut ob egregia bellica facta solus
inter præliatores, ab ipsis etiam præliatoribus *Præliator et Pugna-
tor fortis* appellaretur. D. MABILLON, *Annal. Ord. S. Ben.*, t. II, lib.
xxvii, n. 50.

l'humilité de saint Martin [1]; c'était Benoît d'Aniane qui, après avoir combattu à la suite de Pepin et de Charlemagne, devint l'un des plus grands réformateurs de l'ordre monastique en Occident [2]; et tant d'autres enfin qui vinrent en foule ensevelir dans la paix et l'obscurité du cloître l'éclat de la valeur et de la naissance. Mais, en ces temps, nul peut-être ne fut un plus brillant modèle de cette chevalerie monastique que Guilhem, l'ami de Benoît d'Aniane; pour lui, servir Dieu était servir un Roi, et il mit à combattre sous le froc la même bravoure qu'il avait déployée au milieu des combats. Depuis, en effet, qu'il avait quitté Gellone, le souvenir de ses sœurs, dit son historien, irritait sa valeur; car lui, qui avait toujours été le premier dans les batailles de la terre, il ne pouvait, sans rougir de honte, penser que des femmes l'eussent devancé dans la milice monastique pour lui ravir la palme de la victoire [3]; il se détermina donc à suivre leur exemple.

Guilhem resta d'abord incertain, ne sachant s'il devait prévenir l'empereur Charles de son départ, ou s'il devait exécuter secrètement son dessein. Après avoir hésité quelque temps, il prit le parti que lui conseillait la tendre et loyale affection qui l'unissait à son souverain;

[1] Tantis orationibus seipsum exercebat, ut sub militaribus armis ad modum Martini monachorum perfectionem adsecutus videretur. *Vita S. Barnardi*, n. 3, ap. D. MABILLON, *Act. SS. Ord. S. Ben.*, sæc. IV, part. I, p. 582.

[2] *Vita S. Bened. Anian.*, n. 4, ibid., p. 194.

[3] Verumtamen erubescebat, utpote qui in sæculi militia semper primas tenuerit acies, et numquam novissimus apparuit, nunc vero feminæ et audaciam ejus præripuerant et palmam. *Vita S. Willelmi*, n. 12, ap. BOLLAND., t. VI Maii, p. 814.

il alla donc le trouver [1] : « Charles , mon Seigneur et
» mon père, lui dit-il , vous que le Roi du ciel a donné
» pour Roi à son peuple, vous que j'ai servi quelque
» temps en qualité de chevalier et de prince, vous
» savez , et j'en appelle à votre témoignage, vous savez
» combien je vous ai toujours été dévoué, fidèle et uni,
» combien grande a été mon affection pour vous ; oui ,
» vous m'étiez plus cher que la vie et toutes les joies
» de ce monde. Vous savez tout ce que moi, votre
» chevalier, j'ai enduré pour vous sur les champs de
» bataille , combien de fois je vous ai suivi en affrontant
» la mort et ses périls, toujours prêt et disposé à donner
» ma vie pour protéger et sauver la vôtre. Au milieu
» du combat, j'étais là à vos côtés pour parer les coups ;
» dans le choc des batailles je me plaçais comme un
» rempart entre vous et les bataillons ennemis ; jamais
» je n'ai fui, jamais je ne vous ai abandonné. Maintenant
» donc, ô mon Prince , daignez écouter avec bonté les
» paroles de votre chevalier , ou plutôt de votre ami ;
» voici que je vais en présence de Dieu vous manifester
» le secret de ma conscience. Je vous demande la grâce
» de passer des rangs de votre milice dans les rangs de
» la chevalerie du Roi éternel. Depuis longtemps j'ai
» formé le vœu de renoncer à toutes choses et à moi-
» même , pour aller servir Dieu dans ce monastère que ,
» grâce à votre bonté , j'ai construit dans le désert [2]. »

[1] L'historien ne nomme pas la ville où se trouvaient alors Charlemagne et le duc Guilhem ; on doit croire, selon toute probabilité,
que c'était Aix-la-Chapelle.

[2] Si surrexit adversum te prælium, lateris ipse et capitis custos
fui ; si castrorum impetus, vel gladius ex adverso armatus, me op-

Ces paroles frappèrent Charles d'étonnement et de
douleur; son visage devint triste, puis il répondit à son
ami : « Mon seigneur Guilhem, qu'il m'est dur, qu'il
» m'est amer d'entendre ce que vous dites. En me
» parlant ainsi, vous me percez le cœur d'un glaive;
» car votre départ sera pour moi une poignante douleur;
» mais votre demande est pieuse et raisonnable, et je
» ne puis m'y opposer. Si vous m'eussiez abandonné
» pour un autre roi de la terre, si vous eussiez préféré à
» mon amitié celle d'un autre empereur, mortel comme
» moi, jamais je n'aurais supporté une pareille offense,
» mais contre ce roi j'aurais soulevé l'univers entier. Si
» vous en eussiez agi ainsi afin d'obtenir de plus hautes
» dignités et d'augmenter vos immenses richesses,
» je vous aurais volontiers donné tous mes biens. Puis-
» qu'il n'en est rien, puisque préférant aux choses
» d'ici-bas les biens éternels, vous désirez devenir le
» chevalier du Roi des Anges, je consens à votre
» demande. Je ne désire qu'une grâce, c'est que vous
» ne me quittiez point sans recevoir quelques présents.
» Ce sera une joie et une consolation pour moi si vous
» acceptez de ma main ces dons, comme un gage
» de notre affection et de notre indissoluble amitié;
» vous en enrichirez la demeure tant désirée que vous
» allez habiter. » En parlant ainsi, Charles se jeta au
cou de son ami et tous deux pleurèrent longtemps et

posui, atque inter te et arma memet murum constitui; numquam
subterfugi, numquam te deserui... Postulo licentiam, ut ad illius
æterni Regis novus miles me transferam militiam. *Vita S. Willelmi*,
n. 11, ap. BOLLAND., t. VII Maii, p. 815.

amèrement [1]. « Oh ! que n'ai-je prévu cette douleur,
» repartit Guilhem ; oui j'avoue ma faiblesse , pour ne
» pas l'affronter, je me fusse retiré sans avoir rendu mes
» devoirs à votre Majesté. Maintenant , ô mon Prince ,
» au nom du Christ, faites ce qui est le plus digne de
» vous et de moi ; que ce ne soit pas avec la tristesse et
» les larmes que vous m'envoyiez vers notre Roi et
» Seigneur à tous deux , mais bien avec la joie et l'allé-
» gresse de l'âme. Quant aux trésors que vous m'offrez,
» vous le faites sans doute avec une générosité d'em-
» pereur; mais si je renonce à tous mes biens, comment
» accepterais-je ceux que vous me présentez? Non,
» l'abondance de mes richesses me suffit , j'ai assez d'or
» et d'argent; cependant si vous désirez m'accorder un
» présent et offrir par mes mains quelque chose au
» Dieu tout-puissant , il est un don que vous pouvez
» m'accorder et que je puis accepter : je veux parler
» du bois glorieux de la croix du Seigneur que jadis
» l'on vous envoya de Jérusalem et que l'on vous remit
» en ma présence [2]. »

[1] Si regum quemlibet mortalium, me relicto, adire voluisses ; si
hominem imperatorem, qui magis tibi complacuisset, nostræ dilec-
tioni prætulisses ; hoc utique ad injuriam meam nullatenus possem
ferre, sed adversus illum regem commoverem orbem terræ... Nunc
vero quia nihil est horum, sed desideras effici miles Regis Ange-
lorum, præsentia contemnens spe futurorum bonorum , en ita tibi
faciam.... Hæc ait, et in lacrymis prorumpens, super collum amici
ruit, et, ut fieri super mortuo solet, diu et amarissime flevit. *Vita
S. Willelmi*, n. 15, ap. BOLLAND., t. VI Maii, p. 815.

[2] *Vita S. Willelmi*, n. 16, ap. BOLLAND., t. VI Maii, p. 815. Dans
son récit, le biographe du duc Guilhem dit que ce fut le prêtre Za-
charie qui remit à Charlemagne cette relique de la vraie croix, de

À ces paroles, le grand empereur qui dans sa libéralité royale avait offert toutes ses richesses à Guilhem, sentit d'abord hésiter sa pieuse générosité. Pour lui comme pour tous ces rois franks qui plaçaient leurs armées sous l'ombre protectrice de la pauvre cape de saint Martin, les reliques des saints et surtout celles de la passion du Sauveur étaient non-seulement les plus riches joyaux du trésor du Palais, mais encore un gage de protection et de puissance [1]. Ainsi Pepin marchait toujours entouré de reliques sacrées [2]; ainsi Charlemagne, parmi les présents que lui envoyaient l'Afrique et l'Orient, n'en estimait pas de plus précieux que les ossements et la poussière sacrée des martyrs [3]. Longtemps après lui, ses successeurs, héritiers de l'empire, conservèrent le même culte pour les saintes reliques ; car, au XIVe siècle, les empereurs d'Occi-

la part du patriarche de Jérusalem ; par conséquent, ce fait est le même que celui dont parle Eginhard, *Annal.*, ad. an. 800, ap. PERTZ, *Monum. Germ. historic*, t. 1, p. 188.—Cependant comme Eginhard, parmi les présents offerts à Charlemagne, ne parle pas de cette relique de la vraie croix, on peut croire qu'il s'agit ici d'une députation antérieure, envoyée par le patriarche Fortunatus, qui fit précisément remettre à Charlemagne une relique semblable : « per diaconem eidem reliquias ligni Passionis transmisisse. » Cf. BOLLAND., t. III Maii, p. XL, n. 176.

[1] On connaît la pieuse ardeur avec laquelle on recherchait les reliques, surtout pendant les VIIe et VIIIe siècles ; elles figurent souvent parmi les présents que les rois échangeaient entre eux. La coutume de porter alors les reliques à la tête de nos armées vint sans doute de l'Orient, où cet usage existait à la cour des empereurs de Constantinople.

[2] FLEURY, *Hist. ecclés.*, liv. XLIII, n. 29.

[3] Ibid., liv. XLV, n. 35.

dent léguaient encore à leurs successeurs, selon un antique usage, les insignes de l'empire, et ces insignes étaient avec l'épée de Charlemagne lui-même, la sainte lance, l'un des clous de la Passion, et le bras droit de la croix du Sauveur [1]. La piété de Charles resta donc un instant indécise devant le sacrifice que lui demandait Guilhem; mais son affection pour le Duc surmonta ces premières hésitations. Il se fit apporter le bois de la vraie croix, et il le lui offrit ainsi qu'un autel et d'autres ornements précieux. « Recevez, ô mon bien cher » Guilhem, dit-il, recevez ces fortes et éclatantes armes, » présents de votre roi et dernière récompense de votre » bravoure. Elles seront pour vous le signe et le souvenir » éternel de notre amitié. Toutes les fois que vous les » verrez ou que vous les prendrez dans vos mains, vous » vous souviendrez de Charles, votre ancien seigneur » et maître [2]. » Cette relique de la croix du Sauveur, avec le phylactère qui la renfermait, était un présent que Charlemagne avait autrefois reçu du patriarche de Jérusalem. Transporté à Gellone, le riche phylactère, brillant de pierres précieuses et de l'or le plus pur, fut pendant des siècles entiers l'orgueil, la gloire et la richesse de l'humble vallée [3]; les pèlerins y accouraient

---

[1] Ibid., liv. xcv, n. 47; xcvi, n. 20.

[2] Suscipe Regis tui munera, novissima militiæ tuæ præmia.... haud enim dubium quia quotiescumque hæc sancta vel oculis aspexeris, vel manibus tenueris, domini tui Caroli oblivisci non poteris. *Vita S. Willelmi*, n. 17, ap. Bolland., t. VI Maii, p. 815.

[3] Illud Dominicæ Crucis venerabile cunctisque mortalibus adorandum phylacterium, gemmarum splendoribus et auro purissimo, quantum potuit humana devotio, decentissime perornatum. *Vita S. Willelmi*, n. 16, ap. Bolland., t. VI Maii, p. 815. — Le mot

de pays éloignés , et l'on inscrivait en tête des chartes de donation : *Nous donnons à l'église de Saint-Sauveur de Gellone, nous donnons au bois vénérable de la Croix et à saint Guilhem* [1]. Aujourd'hui encore Gellone conserve ce bois sacré comme un religieux souvenir de son fondateur et de la piété de Charlemagne [2].

Cependant le bruit de la résolution qu'avait prise Guilhem s'était répandu peu à peu. On disait qu'il avait obtenu de l'empereur Charles la liberté de quitter le siècle, et qu'abandonnant sa vie de prince, il allait se retirer au fond d'un désert. Bientôt toute la ville fut en émoi; on vit accourir les parents du Duc, les grands du royaume et la multitude des nobles franks, ses amis ; et tous, en présence de l'empereur, s'écriaient en tumulte : « Seigneur Guilhem, que pensez-vous donc » faire? Pourquoi vous retirer? Pourquoi abandonner » le roi , bouleverser le royaume et nous perdre tous? » Où voulez-vous donc aller? Si vous voulez aller à » Dieu, n'est-il pas partout [3]? » Mais, au milieu de ce

Phylactère, qui a été pris dans un grand nombre d'acceptions, paraît avoir été employé de bonne heure pour signifier un reliquaire, comme on le voit par un passage de S. Grégoire le Grand : « Filio nostro Adulouvaldo regi transmittere phylacteria curavimus , id est crucem cum ligno sanctæ Crucis et lectionem sancti Evangelii theca persica inclusam. » S. Gregorii, Papæ I, *Epist.*, lib. xiv, ep. 12.

[1] Donamus sancto Salvatori et venerabili ligno Crucis sanctoque Willelmo, etc., cité par D. MABILLON, *Vita S. Willelmi*, n. 16, not., dans les *Act. SS. Ord. S. Ben.*, sæc. iv, part. i, p. 80. — *Gall. christ.*, t. VI, col. 581.

[2] Quant au Phylactère lui-même, il fut saisi en 1793 à cause de la richesse de sa matière et disparut avec les autres reliquaires.

[3] Quid, Willelme Domine , quid est quod putas facere? ut quid

tumulte et de ces cris, Guilhem restait immobile. Toutefois, vaincu par la tendresse de son cœur, il ne put retenir ses larmes : « O mes amis, dit-il, si vous pouviez m'assu-
» rer que je vivrais toujours heureux avec vous, j'acquies-
» cerais à vos prières; mais, si vous ne pouvez me donner
» cette assurance, laissez-moi aller à la vie ; car, après
» avoir passé quelques années ensemble, la mort vien-
» drait un jour nous séparer. » Puis il leur fit ses derniers adieux et il sortit de la ville. Bien longtemps l'empereur Charles, son seigneur et son ami, accompagna sa marche ; et, durant un long trajet, un peuple immense et de nombreux chevaliers formèrent son cortége [1].

VI

Libre enfin des liens qui le retenaient au monde, Guilhem prit sa route vers le Midi ; et après avoir traversé le pays des Franks, il entra en Auvergne et se dirigea vers Brioude. Là se trouvait un sanctuaire qui attira le pieux guerrier : c'était le tombeau de saint Julien ; ce Julien, guerrier comme lui, avait jadis servi dans les

vis recedere, regem relinquere, regnum evertere, universos nos perdere ? Quò enim vis abire ? Si vis ad Deum ire, ubique locorum potes eum invenire. *Vita S. Willelmi*, n. 18, ap. BOLLAND., t. VI Maii, p. 816.

[1] Rege Carolo dilecto suo domino diutius illum cum lacrymis deducente, Francorum exercitu cum dolore et gemitu, cunctaque multitudine eum longius, quousque oportuit, prosequente. *Vita S. Willelmi*, n. 19, ap. BOLLAND., t. VI Maii, p. 816.

armées romaines, et, n'ayant pas voulu trahir sa foi, il avait été décapité près de Brioude. Depuis cette époque, le généreux soldat, dont la sainteté fut connue jusqu'en Orient, était devenu l'un des plus illustres martyrs de l'Eglise des Gaules [1]. Guilhem voulut donc lui faire une offrande digne de la bravoure militaire.

Durant le moyen âge, souvent les chevaliers, en symbole de leur entier abandon de la vie séculière, déposaient leurs armes sur l'autel ou les offraient aux monastères dans lesquels ils se retiraient. Depuis le viie siècle, où Lantpert, l'ami de Clotaire et de Childéric, déposa sa ceinture et son baudrier entre les mains de saint Wandrille [2], jusqu'à la fin du xie siècle, où le duc de Bourgogne, Hugues, offrit sa cuirasse à l'abbaye de Molesmes [3], un grand nombre de ces guerriers s'étaient ainsi dépouillés de leur armure pour entrer, doux et humbles, dans la milice monastique : c'était le plus sensible sacrifice que pût faire l'âme vaillante de ces preux. Guilhem ne devait pas reculer devant cette générosité chevaleresque. Il se rendit à l'église que l'on avait élevée en l'honneur du soldat martyr; arrivé devant la porte, il y suspendit son carquois et son arc, un immense javelot et sa glorieuse épée; puis, entrant dans

---

[1] Il est honoré le 28 août; Grégoire de Tours a longuement raconté ses miracles. *De Glor. Mart.*, lib. ii.

[2] Lantbertus ea die, qua præcisi sunt ipsi capilli, inter alia diversi generis donaria, auri solidos septuaginta prædicto patri contulit, in balteo scilicet, zonis et armillis. D. MABILLON, *Annal. Ord. S. Ben.*, t. I, lib. xv, n. 54. Au siècle suivant, nous voyons les deux frères Adalbert et Otkaire déposer leurs épées sur l'autel du monastère de Tegernsée Ibid., t. II, lib. xxii, n. 9.

[3] Lorica pretii triginta librarum. Ibid., t. V, lib. lxv, n. 31.

l'intérieur du temple, et prosterné devant le tombeau, il y déposa son casque et son bouclier [1] : « Saint Julien, » s'écria-t-il, je sais quel valeureux soldat vous étiez, » car jamais vous n'avez été vaincu ; c'est pourquoi je » laisse devant votre autel ces armes dont je fais hom-» mage au Dieu tout-puissant et dont je vous confie la » garde. Je me recommande instamment à vous durant » ce voyage qui doit me conduire à Dieu ; préservez-» moi de tout mal et des attaques de l'esprit mauvais [2]. »

Il reprit alors sa route ; mais il n'avait plus ni le tumultueux cortége ni le brillant costume de chevalier : il était vêtu comme un pèlerin. Lorsqu'il eut mis le pied sur les terres d'Aquitaine, il détourna, dit son historien, les regards de son riche duché, et hâta ses pas vers son monastère de Gellone. Il ne tarda pas, en entrant dans la contrée de Lodève, à voir de loin les sites des montagnes, et, reconnaissant sa solitude bien-aimée, il se mit à rendre grâces à Dieu [3].

[1] Offert itaque ante martyris tumulum galeam decentissimam et spectabilem clypeum ; foris vero extra templum præsentarat ad ostium pharetram et arcum, ingens telum, versatilem gladium. *Vita S. Willelmi*, n. 20, ap. BOLLAND., t. VI Maii, p. 816. Le bouclier dont il est ici parlé était encore conservé dans le trésor de l'église de S. Julien au moment où écrivait le biographe ; son poids et sa grandeur indiquaient quelle avait été la force de celui qui l'avait porté.

[2] Novi, sancte Juliane, novi et certum habeo, quam miles, quam armis strenuus fueris in sæculo, numquam victus, numquam derelictus a Deo : ideoque coram altari tuo arma hæc derelinquo, quæ Deo omnipotenti dimitto, tibique ea committo. *Vita S. Willelmi*, n. 20, ap. BOLLAND., t. VI Maii, p 816.

[3] Illamque suam bene recognoscens solitudinem, gratias referens Omnipotentem adorat. Ibid., n. 21, p. 816.

Cependant on avait connu son approche; l'abbé et
les moines de Gellone étaient venus au-devant de lui,
et, après l'avoir accueilli au milieu des transports de joie,
ils le conduisirent à l'église. Guilhem marchait nu-pieds
et couvert du cilice, et il portait le phylactère de la vraie
croix, tout étincelant d'or et de pierreries, que lui avait
remis Charlemagne. Il était en outre accompagné de riches et nombreux présents qu'énumère l'historien : il
y avait des calices et des patènes d'or et d'argent, des
livres précieux, des reliques sacrées, des ornements
de soie, des étoles d'or et des manteaux d'outre-mer [1].
Il plaça tous ces présents sur l'autel; puis, après avoir
longtemps prié, il se rendit au milieu des moines ras-

---

[1] Oblatis. . . . calicibus scilicet aureis et argenteis cum suis
offertoriis, libris etiam valde bonis multumque necessariis, sanctorum quoque reliquiis incomparabiliter pretiosis, nec minus et vestibus sericis cum stolis auro textis et palliis transmarinis. *Vita
S. Willelmi*, n. 21, ap. BOLLAND., t. VI Maii, p. 816. C'est peut-
être en mémoire de ces largesses du duc Guilhem que chaque no-
vice devait, avant de revêtir l'habit à Gellone, donner une chape
tissue d'or : « unam cappam deauratam processionalem bonam et
honorabilem. » D. MARTÈNE, *De ant. Monach. Rit.*, lib. V, cap. II,
n. 8. Parmi les présents offerts par le duc Guilhem, l'auteur n'a pas
mentionné une petite cloche d'argent, dont il est parlé dans l'histoire
des Miracles de Gellone : « scilla argentea ad templi laquearia sus-
pensa, quæ per singulas horas opus Dei prima denuntiabat, et vocis
suæ clarisonæ melodia aures audientium ac mentes demulcendo
excitabat. » ap. BOLLAND., t. VI Maii, p. 823.—M. R. Thomassy nous
apprend que l'on conserve encore aujourd'hui deux des volumes
offerts par le duc Guilhem : un Evangéliaire, conservé dans la
Bibliothèque du Musée-Fabre, à Montpellier, et un Sacramentaire
très-remarquable par ses lettres historiées, mentionné dans la *Nouvelle Diplomatique*, et qui se trouve à la Bibliothèque impériale.
Université catholique, t. XIV, p. 128, note.

semblés, et leur déclara que, renonçant à toutes les choses de la terre, il voulait passer le reste de ses jours sous
la règle du bienheureux Benoît. Ses vœux furent écou-
tés, et le biographe a enregistré avec une espèce de so-
lennité son entrée dans la sainte Religion. « Ce fut, dit-
il, en l'année 806 de l'incarnation du Sauveur [1], la
cinquième de l'empire de Charles, en la fête des apôtres
Pierre et Paul, que le comte Guilhem déposa ses vête-
ments tissus d'or; en ce jour, par la grâce de Dieu, il fut
béni solennellement; on coupa sa barbe, que l'on con-
sacra à Dieu, et on rasa sa noble chevelure [2]. »

Maintenant, dit son historien, le duc Guilhem n'est
plus que le serviteur de Dieu et le nouveau soldat du
Christ. Celui qui habitait dans des palais embellis de
peintures et d'or, dont les salles étaient magnifiquement

[1] Le Père Lecointe (*Annal. eccles. Franc.*, t. VII, ad an. 807,
n. 4) prétend que le duc Guilhem ne prit l'habit religieux qu'en
l'année 808, mais on ne peut douter que ce n'ait été en 806, comme
l'indique l'historien. Cf. ORD. VITAL., *Hist. eccles.*, lib. VI, cap. II.
— *Annal. Anian.*, ap. D. VAISSETTE, *Hist. de Languedoc*, t. I,
Preuves, p. 19; ibid., p. 735, 737. — D. MABILLON, *Annal. Ord.
S. Ben.*, t. II, lib. XXVII, n. 48.

[2] Anno ab Incarnatione Domini octingentesimo sexto, Imperii
vero Caroli quinto, die Natalis apostolorum Petri et Pauli, Willelmus comes, auro textis depositis vestibus, per Dei gratiam solem-
niter benedicitur, totus ille in eo sacer ordo perficitur; coma nobili, barba venerabili deposita et Deo consecrata... *Vita S. Willelmi*,
n. 23, ap. BOLLAND., t. VI Maii, p. 817. — Les anciens monuments
confirment encore le récit de l'historien sur ce dernier point. Nous
voyons en effet que le Rituel d'Aniane, où le monastère de Gellone
avait dû puiser ses coutumes, contenait une bénédiction spéciale
pour la barbe. D. MARTÈNE, *De ant. Monach. Rit.*, lib. V, cap. II,
n. 23. Cet écrivain cite également les coutumes de Saint-Bénigne
de Dijon et la vie de S. Godehard.

parées ; celui qui était retranché dans ses châteaux et ses forteresses, celui-là disparait dans l'obscurité du cloître de Gellone [1]. Après avoir élargi les frontières chrétiennes en refoulant les Arabes au delà des Pyrénées, le Duc d'Aquitaine continuera désormais d'une manière plus obscure son influence civilisatrice ; au milieu des humbles fatigues du cloître, il s'associera à l'œuvre immense que les enfants de saint Benoît opérèrent du vi^e au xiiie siècle. Ce furent eux en effet qui, dans l'Europe entière, desséchèrent les marais, creusèrent les canaux, défrichèrent les bruyères, suspendirent des ponts sur les fleuves, élevèrent des chaussées, taillèrent des routes dans les montagnes, créèrent les bourgs et les villes ; ce furent eux en un mot qui, par leurs sueurs et leur sainteté, donnèrent à l'Europe sa fertilité matérielle ainsi que sa culture morale et intellectuelle ; mais nulle part peut-être on ne surprend cette œuvre de civilisation, au premier instant de sa naissance, comme dans ce coin sauvage des Cévennes, où vient de se retirer le Duc d'Aquitaine. Cette vallée de Gellone, entourée de ses rochers inaccessibles et de ses pentes escarpées, et dont la seule issue est fermée par le cours de l'Hérault, semblait alors être isolée du monde entier ; et avant que

---

[1] Veraciter alteratus, cœpit novus miles haberi... Qui enim solebat paulo ante in palatiis degere auro radiantibus ac depictis sinopide ; cœnacula perornata, triclinia constrata cum gloria possidere ; præcelsa propugnacula vel summas arces tenere ; hic modo abjectus in domo Domini elegerat habitare, et in angulo claustri ultimus et cunctis vilior diligebat latitare. *Vita S. Willelmi*, n. 24, ap. BOLLAND., t. VI Maii, p. 817.

le duc Guilhem y élevât son monastère, nul habitant n'en troublait la tranquille solitude [1]. Les moines aimaient toujours de préférence ces retraites écartées dans lesquelles, comme nous l'apprennent les chroniques de monastères, ils n'avaient souvent que les hurlements des animaux pour répondre à leurs chants.

Deux années seulement s'étaient écoulées depuis la fondation du monastère de Gellone, et il n'était pas encore entièrement terminé lorsque Guilhem s'y retira. Aidé de Bernard et de Gaucelme, ses fils, qui lui avaient succédé dans les dignités du monde, il se hâta de terminer l'œuvre qu'il avait commencée; mais, pour lui, ce n'était plus seulement l'or de ses trésors qu'il devait donner : devenu moine, il allait y apporter le travail de ses mains.

L'une de ses premières pensées fut d'ouvrir une route qui facilitât l'entrée de la vallée, car nul chemin n'avait encore été pratiqué au milieu de ces rochers abruptes. Armé de la hache et du marteau, il coupa le roc vif et éleva une chaussée dont le fer et le plomb consolidèrent les pierres. Après dix siècles, le voyageur peut encore suivre cette route qui unit les deux montagnes à l'entrée du désert, et à laquelle le vainqueur des Sarrasins travailla de ses propres mains [2]. Ses sueurs fécon-

---

[1] Qui locus ita secretus est, ut solitudinem non desideret habitator. Cingitur denique nubiferis undique montibus, neque cuiquam illic accessus est, nisi quem ultroneus orandi causa deduxerit animus. *Vita S. Bened. Anian.*, n. 12, ap. D. Mabillon., *Act. SS. Ord. S. Ben.*, sæc. IV, part. I, p. 208.

[2] Ipse Dei servus, jam monachus, argumentose incisa rupe cum malleis, et securibus et diversis ferramentorum generibus, junctis-

daient en même temps les premiers sillons tracés dans
le sol inculte de la vallée ; il planta des vignes et des
oliviers, remplaça les arbres sauvages par de fertiles
vergers [1], et les nombreux jardins dont parle Ardon,
auteur contemporain et moine d'Aniane, donnent encore aujourd'hui leur verdure et leurs fruits. La vie
semblait ainsi sortir de terre. Peu à peu les relations se
multiplièrent, les pèlerins accoururent au bois vénéré
de la Croix, les colons du monastère se réunirent à
l'abri de la crosse abbatiale, et comme tant de bourgades
et de cités Saint-Guilhem naquit dans le désert. De nos
jours, l'ancienne vallée de Gellone, avec ses vignes et

que firmiter et diligenter ferro et plumbo lapidibus, jactatoque fun-
damento secus flumen Arauris, viam altius sustulit, quantum potuit direxit et monti conjunxit. *Vita S. Willelmi*, n. 25, ap. Bolland., t. VI Maii, p. 817. Ce sont également les moines de Gellone
et d'Aniane qui firent construire, au commencement du onzième
siècle, le pont de Saint-Guilhem-du-Désert, situé un peu plus bas sur
le cours de l'Hérault. Il n'est pas sans intérêt de remarquer que le
fer et le plomb s'y trouvent aussi mentionnés. Il est dit, en effet, que
Pons et ses moines feront charrier, pour le construire, les poutres,
les pierres, la chaux, le sable, le fer, le plomb et les cordes. Cf.
M. R. Thomassy, articles insérés dans le journal l'*Univers*, année 1839,
25 Oct. et 5 Nov. — *Gall. christ.*, t. VI, col. 583.

[1] Fecit quoque B. Willelmus circa monasterium vineta et oliveta
plantari, hortos plurimos constitui, ipsam vallem, destructis arboribus infructuosis, fructiferis pomeriis melius complantari. Hujus-
modi vero opera non solum per alios faciebat, sed etiam in ipsis
laboribus semetipsum exercebat. *Vita S. Willelmi*, n. 25, ap. Bolland., t. VI Maii, p. 817. — *Vita S. Bened. Anian.*, n. 42, ap. D.
Mabillon, *Act. SS. Ord. S. Bened.*, sæc. IV, part. I, p. 208. On
sait que les plus célèbres vignobles de France, d'Allemagne et
d'Angleterre, durent leur existence aux Bénédictins, qui furent
également d'utiles propagateurs pour les arbres fruitiers.

ses oliviers, ses jardins et ses vergers, jouit toujours
des travaux des premiers moines, et Saint-Guilhem-du-
Désert reste comme l'un des plus précieux souvenirs
du Duc d'Aquitaine, et atteste encore l'énergie créatrice
qui résidait alors dans la pensée monastique [1].

Au milieu de ces obscurs travaux et de ces labeurs
inconnus de la vie monastique, Guilhem cherchait encore à disparaître ; il ne voulait plus , disait-il , qu'on
se souvînt ni de la dignité , ni de la gloire , ni même
du nom de l'ancien Duc d'Aquitaine. C'est ainsi que
tous ces seigneurs et ces chevaliers savaient oublier leur
fierté, lorsque , selon l'expression chrétienne , il s'agis-
sait de devenir le serf du Christ, *servus Christi;* ils em-
brassaient l'humilité avec une sainte passion, et leur
vertu ne pouvait plus assez se rassasier de fatigues et
de mépris. Quelques faits échappés à l'oubli nous montrent, en effet, jusqu'où allèrent le dévouement et l'ab-
négation de l'ancien Duc de Toulouse. Ardon, le disciple
de saint Benoît d'Aniane, rapporte qu'il vit souvent
Guilhem conduire un âne chargé de vases remplis de

[1] Saint-Guilhem-du-Désert, département de l'Hérault, compte aujourd'hui 800 habitants environ.—Les monastères ne donnèrent pas
seulement naissance à des hameaux et villages, mais encore à un
grand nombre de villes éparses dans toute l'Europe. En choisissant
entre mille , nous pouvons nommer, en Irlande et en Angleterre :
Kildar, Wiremuth, Saint-David, Malmesbury, Jarrow, Glocester ,
Saint-Asaph ; en Allemagne, Fulde, Wissembourg, Munster, Saint-
Gal, Lucerne; en France, il y en eut encore davantage, Saint-
Calais, Saint-Claude, Saint-Pol-de-Léon, Saint-Malo , etc , etc.
L'Espagne et l'Italie comptent aussi un grand nombre de bourgs
et de villes qui se formèrent autour des Abbayes ; du reste, nous
donnerons un travail sur les centres de population créés par les
moines.

vin. Assis sur cette humble monture, l'ancien guerrier
s'en allait par la campagne porter à boire aux moisson-
neurs du monastère, afin de les soulager au milieu de
la chaleur du jour [1]. Un autre historien, faisant allusion
au même fait, ne pouvait s'empêcher de s'écrier en le
voyant dans ce maigre équipage : « Quel changement
merveilleux! Celui qui avait à son service de superbes
coursiers, choisis dans toutes les parties du monde, ne
rougit pas maintenant d'être porté sur un âne vil et
méprisable; et cependant autrefois les serviteurs de ses
serviteurs étaient traînés par des chevaux d'élite et sur
des chars magnifiques [2] ».

Guilhem, afin de pratiquer une humilité encore plus
profonde, demanda à être chargé du service de la cui-
sine. Il connaissait, il est vrai, son inexpérience, mais
il était heureux de devenir ainsi le serviteur de tous;
d'ailleurs il savait que dans la vie du cloître l'obéissance
remplace la science, et que la charité de ses frères sup-
pléerait à son inhabileté. A ce trait son biographe ne peut
plus contenir son étonnement et son admiration : « Le
voilà donc, dit-il, le seigneur Guilhem, de Comte de-

---

[1] Vidimus sæpe eum cædentem asinum suum, flasconem vini in
stratorio deferre, eumque super insedentem, calicem in terga
humeris vehentem nostri monasterii fratribus tempore messis ad
refocillandam sitim eorum occurrere. *Vita S. Bened. Anian.*, n. 42,
ap. D. MABILLON, *Act. SS. Ord. S. Ben.*, sæc. IV, part. I, p. 208.

[2] Qui enim quondam decentissime utebatur equis mirabilibus,
electis et exquisitis de multis mundi partibus, cujus etiam servi
numerosi et servi servorum ejus equis ibant, et curribus pretiosis
et pluribus; hic modo non erubescebat vili asello gestari cum suis
flasconibus. *Vita S. Willelmi*, n. 26, ap. BOLLAND., t. VI Maii,
p. 818.

venu pauvre cuisinier, de noble Duc devenu le dernier
serviteur de tous; le voilà qui charge le bois sur ses
épaules, transporte les cruches d'eau, et fait jaillir lui-
même du caillou le feu qu'il allume. Jadis, dans de
splendides délices, il vivait au milieu des services somptueux de la table impériale, il avait des panetiers et des
échansons, maintenant, humble cuisinier, il nettoie les
plats de ses mains seigneuriales, cueille les herbages
et prépare les légumes [1] ».

Plus d'une fois, sans doute, on dut alors s'entretenir,
au milieu des camps, de cette douceur et de cette charité du vieux guerrier; plus d'une fois, sans doute,
on parla de son héroïque pauvreté dans les châteaux
de l'opulente Aquitaine, qu'il avait si souvent par-
courue; plus d'une fois également les pauvres serfs
vinrent le contempler au milieu de ses humbles travaux, et apprendre de lui la véritable grandeur. Ainsi
l'apostolat de la vertu succédait à l'apostolat de l'épée;
et Guilhem, qui avait mis autrefois au service de Dieu
sa bravoure et son honneur, le glorifiait encore par la
muette éloquence de son humilité. Malheureusement,
à l'exception des trop courts détails que nous ont con-
servés les historiens et que nous venons de rapporter,
une sainte obscurité enveloppe sa vie monastique. Mais

[1] Ecce enim dominus Willelmus, de Consule cocus, de Duce
magno inquilinus efficitur, ligna collo deferens, amphoras aquæ
bajulans, ignem excutiens et ipse succendens; quique olim vixerat
in deliciis præclaris inter discos et pateras mensæ imperialis,
quamplurimos habens coquinæ ministros, ipse modo cocus humilis
et servitor fidelis, manibus propriis paropsides abluit, olera col-
ligit, pulmenta condit, legumina infundit. *Vita S. Willelmi*, n. 27,
ap. Bolland., t. VI Maii, p. 818.

2**

comme après la récolte, quelques rares épis tombés de la main du moissonneur indiquent encore quelles durent être les richesses de la moisson, ainsi ces quelques faits, échappés à l'oubli des temps, montrent quelles gerbes abondantes de vertus et de mérites sut recueillir le saint et noble ouvrier.

Vers la fin de sa vie, Guilhem, exempt des travaux pénibles que ne supportait peut-être plus la faiblesse de son âge, put vaquer librement à la prière et à la contemplation. Toutefois, il n'abandonna jamais le sentier rude et pénible de l'austérité monastique, et l'oratoire de Saint-Michel, qui fut témoin des saintes rigueurs auxquelles il se livra pendant ses derniers jours, subsista jusqu'au XVIᵉ siècle, où il disparut sous les coups du vandalisme hérétique [1]. Il y avait déjà plus de six années que le pieux guerrier avait embrassé la vie monastique, lorsqu'un secret pressentiment lui annonça le terme de sa carrière. Il fit immédiatement avertir les monastères voisins; et, fidèle jusqu'à la fin au souvenir de l'amitié, il expédia un courrier à l'empereur Charles pour lui faire part de sa mort prochaine. Enfin, lorsqu'il vit qu'il touchait à ses derniers instants, il fit assembler les frères, et les dernières·paroles qu'il leur adressa furent sur les douceurs de la charité fraternelle et les joies de la mort chrétienne. Ce fut le 28 mai 812 que Guilhem rendit le dernier soupir [2]. S'il fallait en

---

[1] *Vita S. Willelmi*, n. 31, ap. BOLLAND., t. VI Maii, p. 819. — *Vita S. Bened. Anian.*, n. 42, ap. D. MABILLON, *Act. SS. Ord. S. Ben.*, sæc. IV, part. I, p. 208.—C'est Dom Mabillon qui nous apprend que cet oratoire fut détruit par les calvinistes.

[2] *Vita S. Willelmi*, n. 32, ap. BOLLAND., t. VI Maii, p. 819. Le bio-

croire l'historien, il paraît qu'à cet instant même, dans
les contrées environnantes, une force inconnue aurait
agité les cloches des églises, et elles auraient fait entendre au loin des sons mystérieux [1]. Quoi qu'il en soit,
depuis ce temps le nom de Guilhem a franchi les rochers de Gellone, et le bruit de ses vertus a retenti bien
au delà des vallées des Cévennes. Étendu sur la cendre
et enveloppé dans sa robe bénédictine, l'athlète chrétien mourut plus grand et plus glorieux que s'il eût
expiré sur la poussière d'un champ de bataille; car,
après avoir vaincu les Sarrasins, il avait su se vaincre
lui-même, et remporter ainsi le plus noble et le plus
difficile triomphe.

La mémoire de Guilhem ne resta pas sans gloire, et
même l'histoire nous apprend qu'après lui ses enfants
eurent encore une large part d'honneurs et de puissance. Ce fut, en effet, l'une de ses filles, Gerberge,
qui épousa l'illustre comte Wala, le même qui plus tard

graphe ne précise pas l'année de la mort du duc Guilhem; mais comme
d'après son récit elle précéda celle de Charlemagne, qui arriva au
commencement de 814, tous les auteurs pensent que le duc Guilhem mourut en 812, ou peut-être 813. Cf. D. MABILLON, *Act. SS. Ord.
S. Ben.*, sæc. IV, part. I, p. 87.—D. VAISSETTE, *Hist gén. de Languedoc*,
t. I, p. 468.—*Gall. christ.*, t. VI, col. 580.—*L'Art de vérifier les
dates*, t. III. p. 68, édit. de 1818.—FAURIEL, *Hist. de la Gaule méridion.*, t. III, p. 489.

[1] Ipsa autem hora sanctissimi ejus transitus, factus est repente per
omnes circumquaque provincias, per omnes majores ac minores
ecclesias magnus valde et insolitus clangor signorum, et campana-
rum sonitus, longa pulsatio, mirabilis tinnitus, nullis hominibus
funes trahentibus, vel signa commoventibus, nisi sola virtute divi-
na quæ supervenit cœlitus, *Vita S. Willelmi*, n. 33, ap, BOLLAND.,
t. VI Maii, p. 819.

remplit Corbie de l'éclat de ses vertus; ce fut le nom de l'un de ses fils, de Gaucelme, qui ouvrit alors la liste des comtes de Roussillon ; ce fut l'un de ses fils encore qui joua un rôle si important pendant les troubles du règne de Louis le Débonnaire, le célèbre Bernard, l'époux de la pieuse Duodane, et qui fut duc de Septimanie, comte de Barcelone, puis duc de Toulouse ou d'Aquitaine[1]. Mais, outre cette gloire humaine de la chair et du sang que Dieu accorde à la postérité de quelques-uns de ses serviteurs, parfois un rejaillissement de cette autre gloire, dont les Saints jouissent au ciel après la mort, tombe aussi sur la terre et fait resplendir leurs dépouilles terrestres avant même le jour de la résurrection. C'est ainsi qu'un rayon de cette gloire d'outre-tombe éclaira les restes de Guilhem, qui semblent avoir quitté de bonne heure l'obscurité du sépulcre.

Dès le commencement du XIe siècle, plus de cent ans avant que l'évêque d'Alby, Hugues, *élevât* solennellement le corps du héros chrétien, on le portait déjà en triomphe au milieu du cortége des moines, des clercs

---

[1] Le duc Guilhem avait épousé deux femmes, Cunegonde et Guitburge; outre Bernard, Gaucelme, Gerberge ou Helimbruch, que nous venons de nommer, il en avait eu encore d'autres enfants, savoir, Witcarius et Herbert. Quelques-uns lui donnent aussi une fille nommée Berthe, femme de Pepin, roi d'Aquitaine, et deux autres fils, Bera et Adalelme. Cf. D. VAISSETTE, *Hist. gén. de Languedoc*, t. I, p. 464, 465, 705, 738, et passim, Preuves, p. 31.—D. MABILLON, *observ. præv. in Vit. S. Willelmi*, n. 3, ap. *Act. SS. Ord. S. Ben.*, sæc. IV, part. I, p. 71. — *L'Art de vérifier les dates*, t. III, p. 68, édit. de 1818. Il existe encore une famille de Guilhem, seigneurs de Clermont, qui a toujours prétendu descendre de notre saint Guilhem.

et des chevaliers. Environnés de toute la pompe religieuse et militaire, les ossements du moine et du guerrier tressaillaient au milieu du chant des cantiques et des sons bruyants de la trompette [1]. Vers la fin du même siècle, en l'année 1076, au moment où l'Europe entière retentissait du bruit des expéditions de l'Orient, on glorifiait d'une manière plus éclatante encore les restes de l'ancien croisé. Le légat de Grégoire VII, Amat, évêque d'Oléron, lui dédia un autel que l'on conserve encore, monument aussi précieux pour l'art que pour les souvenirs qu'il rappelle [2]. Dans les temps postérieurs, les générations toujours oublieuses perdirent pendant plusieurs siècles la mémoire du lieu où reposait le Duc de Toulouse, et ce fut seulement en 1679, lorsque l'ancien monastère de Saint-Guilhem commençait à refleurir

[1] Qui festinantes (monachi Gellonenses), sumptum secum vexillum crucis et sancti Guillelmi glebam cum conventu fidelium monachorum, clericorum, militum, laicorum, cum crucibus, bannis, thuribulis, candelabris, signis, vestimentis ecclesiasticis, cappis, palleis, libris, tubis clangentibus locum adierunt... *Appendix ad Vit. S. Willelmi*, ap. D. MABILLON, *Acta SS. Ord. S. Ben.*, sæc. IV, part. I, p. 88.

[2] Cet autel a été rétabli selon sa forme primitive, en 1847, par M. l'abbé Vinas. Les Bollandistes (t. VI Maii, p. 827) semblent, à tort, en rapporter la construction première au temps de Hugues, évêque d'Alby (1139), car le Martyrologe de Gellone, cité par Mabillon (*Act. SS. Ord. S. Ben.* sæc. IV, part. I, p. 88), en place la dédicace d'une manière précise en l'année 1076. Sur ce monument on peut consulter : M. R. THOMASSY, *Découverte et restitution de l'Autel de saint Guillaume, parent de Charlemagne*, dans les *Mém. de la Soc. roy. des Antiquaires de France*, t. XIV, p. 222.— M. LE RICQUE DE MONCHY, *Notice sur l'Autel de Saint-Guilhem-du-Désert*, dans les *Mém. de la Soc. archéol. de Montpellier*, t. IV, p. 381.

2***

sous l'influence de la Congrégation de Saint-Maur, qu'un heureux hasard fit découvrir le corps de celui qui, près de mille ans auparavant, avait planté dans la vallée de Gellone ce rejeton de la tige bénédictine [1]. Il reçut donc de nouveau les prières et les hommages des populations; mais, en 1793, dans ces jours où l'on jeta au vent et les cendres royales et les poussières sacrées des vieux patrons de la France, les dévastateurs troublèrent aussi la paix de la tranquille vallée. Alors furent dispersées les reliques du pieux fondateur, alors disparut l'un des bras de l'humble et vaillant guerrier, qui était enchâssé dans un bras d'argent, et que l'on exposait sur l'autel, comme celui de Charlemagne, son ami, que l'on voit encore à Aix-la-Chapelle. Aujourd'hui Saint-Guilhem-du-Désert, déshérité de son trésor, possède à peine quelques ossements de son illustre patron, mais tout y demeure empreint du souvenir de celui qui lui donna son existence et son nom, et qui pendant mille ans fut son protecteur et sa gloire [2].

Nous terminerons cette notice par la traduction de

---

[1] *Historia elevati translatique corporis S. Willelmi*, ap. BOLLAND., t. VI Maii, p. 827.

[2] En 1793, lorsque les châsses furent pillées, les habitants de Saint-Guilhem purent sauver une partie des reliques, qu'ils restituèrent en 1805; mais, en 1817, l'église fut envahie par la petite rivière du Verdus, qui traverse le monastère, et les reliques furent entraînées dans l'Hérault. On n'en posséda plus dans l'église jusqu'en 1845; à cette époque, M. l'abbé Vinas, qui nous a transmis ces détails, se fit remettre quelques fragments des reliques du Saint, que plusieurs personnes conservaient encore, et après les avoir fait reconnaître par l'Ordinaire, il les rendit à la vénération des fidèles. Ces reliques sont les condyles du genou, un fragment du crâne et une dent.

quelques vers dont la phrase rude et demi-barbare
atteste l'antiquité, et qui nous semblent un reste de ces
vieux chants que souvent l'on répéta en l'honneur du
héros chrétien :

« Maintenant, maintenant, il brille d'une admirable
lumière, il est entouré des clartés de la cité céleste,
Guilhem est dans l'allégresse, il contemple le Christ, le
Christ qui gouverne tous les siècles. »

« La porte du ciel s'est ouverte devant ses immenses
mérites. Du haut de l'empyrée, un soldat de la milice
céleste fait retentir à son de trompe cette joyeuse invi-
tation : Entre. Autant les mérites de Guilhem occupent
une large place au séjour étoilé, »

« Autant ils sont grands sur la terre, et le Christ, souverain juge, ne refuse rien à ses prières. A son tombeau
accourent en foule les infirmes, qu'afflige une langueur
invétérée, et ils s'en retournent pleins de vigueur. »

« Chantons donc, compagnons bien-aimés, chantons
au Seigneur, et de cœur, et de bouche, et d'une voix
sonore, des odes innombrables, chantons-les toujours;
qu'à Lui soient l'hymne, l'honneur et l'éternelle
gloire [1] ! »

[1] Nunc nunc mirifica luce coruscat,
Cinctus luminibus sede polorum,
Willelmus gratulans, cernere Christum
Ambit, secla qui cuncta gubernat.
 Cui nunc pro meritis janua cœli
Magnis jam patuit. Clamat herilis
Ex alto tuba militis : Intra.
 Ut sunt astriferis sedibus ampla,
 Sic terris merita ; dante superno
Willelmi precibus judice Christo.
Ad cujus tumulum sospite turba
Diutinus ægris languor abit nunc.

La prière qui suit est également un débris de l'ancienne liturgie, et l'on y retrouve encore empreints les souvenirs du puissant Duc et du vaillant guerrier, souvenirs qui furent toujours inséparables de la mémoire de l'humble moine.

« C'est pourquoi nous élevons nos voix suppliantes, et nous demandons que celui qui a été couronné de mille lauriers, qui a jeté l'alarme dans le camp de l'ennemi, et qui jouit maintenant de la gloire éternelle, celui enfin dont nous célébrons la fête anniversaire, nous demandons qu'il intercède pour nous devant la face du Très-Haut ; et, comme avant sa mort Guilhem était l'entremetteur de ses comtes auprès d'un Roi mortel, nous le prions qu'il daigne aujourd'hui nous obtenir le pardon de nos fautes auprès du Christ Roi, Seigneur immortel et tout-puissant [1]. »

> Quapropter, socii, cordeque oreque
> Promamus Domino voce sonora
> Odas innumeras, tempus in omne,
> Cui sit hymnus, honor, gloria perpes. Amen.
>
> (Ap. BOLLAND., t. VI Maii, p. 826.)

[1] Cf. BOLLAND. Ibid. — On célébrait autrefois la fête de saint Guilhem dans les anciens diocèses de Lodève et de Béziers ; l'église de Brioude, où il avait déposé ses armes, honora longtemps aussi sa mémoire. La Bibliothèque de Montpellier possède un manuscrit du XIVe siècle où se trouve un office en l'honneur de notre Saint. *Catal. gén. des Manuscrits des Bibliothèques publiques des départements*, t. I, *Manusc. de la ville de Montpellier*, p. 265, n. 20.

FIN.